馬德里
Madrid

百年老店・酒館食旅・10條主題路線・14個特色小區

經典漫遊

文字／胡嘎
攝影／胡嘎 & 阿卡 (Carlos Velasco)

太雅

Madrid 馬德里 經典漫遊

020 有一種生活叫馬德里

在地人談馬德里飲食

042

馬德里 10 條主題路線

076

096

馬德里 14 個特色小區

> 馬德里不是一座無聊的城市，
> 我想以這本書為她平反。

有次讀到《GQ》國際中文版前任總編輯在 Instagram 這麼寫：「旅客要深入異鄉日常不是件易事，雖然看米其林指南也可吃得心滿意足，若有懂吃愛吃的朋友帶路，推開門走進庶民的世界，那又是另個境界。」

這就是我的動心起念，我不敢說自己懂吃，但我想做那個愛吃的朋友，帶你推開門走進馬德里人的生活日常，進入旅行的另個境界。

我 31 歲落腳在馬德里，在這座城市戀愛結婚、牙牙學語、轉換專業，人生中最好的十年時光在這裡度過。我對馬德里的感情雖然是又愛又恨，卻從來沒有一時一刻感到生活無聊。

在那之前，我曾兩度來馬德里旅遊，曾是只知參觀景點的遊客，也曾認同大部分台灣旅人在網路上所說的：馬德里很無聊。

來此生活後，我終於懂了為什麼馬德里是這樣的雙面人——正因為她是名外冷內熱的女子，她的魅力不是蜻蜓點水、走馬看花參訪景點、拍照打卡的觀光客所能體會的。

她用宏偉壯觀的王宮、氣勢磅礴的廣場、碩大無比的公園來震懾你，但你有所不知的是，在她的小區街巷裡，有著深藏不露的百年老店、熱鬧喧譁的在地酒館、繽紛多元的市場小吃、熱情直爽的男女老少。

舉台北為例，如果你只去參觀總統府、自由廣場、大安森林公園，而不去大稻埕老社區散散步、不去寧夏夜市吃吃喝喝、不到華山松菸走跳逛店，也會對台北產生誤解吧？

作為旅人，即使沒有時間在馬德里久待、居遊，總得去間傳統小酒館，學當地人一起站著喝杯小酒、吃盤 Tapas，找個個性鮮明的特色小區慢慢遊歷，甚至體驗一場具有西班牙風格的 Fiesta，才能心領神會馬德里熱烈絢爛的「生活感」和「生活味」。

正因一心一意想把馬德里這種獨一無二的生活況味傳達出來，我決定寫一本書。

這本書是我這十年的城市生活成績單，也是我寫給馬德里城的情書。以我稍嫌主觀瑣碎的文字、搭配阿卡（有時是我）的影像，跨越疫情總共超過 5 年的籌備期，希望能成為你認識馬德里這座不思議之城的窗口。

感謝一路激勵我的阿卡，這本書也是他的心血創作。

獻給最愛我的爸爸媽媽

胡嘎（胡家綺）

關於作者

¡Hola! 我是胡嘎，1982 年台北出生，摩羯座 A 型，人生卻不如星座血型的命定那般理性嚴謹，脫稿演出樂此不疲。2004 年我去荷蘭當交換學生，整層樓友說的竟然都是西班牙文，從此換了一個西班牙靈魂回來。2013 年夏天到 Ibiza 度假，不期然地找到 Soulmate 阿卡，結束在時尚、精品、烈酒產業打滾的行銷人生，遠赴馬德里定居。

現在我在馬德里，與從事影片導演、平面攝影的阿卡一同經營影像工作室。平日熱愛走訪百年老店、在地酒館、傳統市場，自詡為馬德里的代言人，時常在社群網路和報章雜誌上分享我和阿卡、有時還有我們領養的狗兒子 Godzi，在馬德里大街小區、酒館食肆的生活記事，以及在西班牙大城小鎮、山林海濱的旅行影像。

推薦序

　　跟著胡嘎的文章，認識好多經典的餐廳、各種不同類型的 Bar 以及風格小店，而胡嘎與其他旅遊美食部落客不同的地方，也是最吸引我之處，在於她文字裡的「生活感」——她是真的去吃過而且用心推薦與拍攝。透過她的文字，我才知道原來一杯香艾酒 (Vermut) 能有這麼多有趣的故事！

　　在這個美食影像讓人疲乏的時代，胡嘎能讓圖文不分離，當然是天生的美感以及說故事的能力，這本書不僅能讓讀者認識西班牙，我相信也可以讓曾經去過西班牙的讀者，再次回味屬於西班牙的獨特滋味以及令人難忘的生活情調！

—— 前駐西班牙代表處文化秘書 / 資深譯者 **林品樺**

　　我們因為馬德里而認識了胡嘎，也因為胡嘎認識了馬德里。

　　當初要去馬德里前做功課爬文，看到了胡嘎的介紹而被吸引，也因為胡嘎的推薦，讓我們到現在都好懷念在馬德里的時光，現在在我們心目中，馬德里變成了我們最想要再回去的歐洲都市。

　　這本書讓我們看到了更多我們不知道的馬德里，真的希望也可以讓更多人知道馬德里的美好啊！

—— **Gigi & 史丹利**

　　收到胡嘎傳來的稿子，我像個小粉絲，逐字細讀。我不只看到她筆下栩栩如生的馬德里，而更多的感受，是她在馬德里這個文化大搖籃裡的成長。

　　我也曾去過馬德里幾次，但總來去匆匆，無法好好感受屬於它的獨特之美與專屬氣味。然而，這次透過胡嘎的《馬德里經典漫遊》，讓我對這座城市有另種嚮往。於是，我放下手中的稿子，打開電腦，訂了張前往馬德里的火車票。

—— 粉專版主 **西班牙小婦人**

我們一家搬到西班牙四年，到馬德里大小旅遊也超過五回了！一些知名的景點，當然也走過許多次。然而，就當我才剛帶台灣的親友到馬德里一遊之後，讀起胡嘎熱騰騰的《馬德里經典漫遊》，立刻轉頭告訴老公：「咱們再去馬德里吧！」因為怎麼被胡嘎一介紹，感覺自己從未真正去過馬德里呢？原來，馬德里還有這麼多「巷內人」才知的有趣之處啊！

我特別喜歡她將不同「旅行目的」分主題深入介紹，簡直就是可以按圖索驥，隨自己喜好挑選幾個好地方，就能擁有一個豐富充實的美好週末。

無論是喜歡散步在皇家公園，或者來個美食之旅，甚至是想要嘗鮮買買紀念品，這本書不只給你點子，還附上了地址與介紹，甚至還有線上地圖可以參照，再加上胡嘎與夫婿專業的攝影作品，頁頁精采，簡直就是可以列入馬德里旅遊教科書等級的完整作品！我已經等不及要買下幾本送給喜愛西班牙的朋友了。

我要問胡嘎啊！妳是有多麼愛馬德里，才能整理出這麼精采的祕密寶典？

或者，是因為一雙充滿好奇的眼與一顆永保青春的心，讓胡嘎不管行至何處，都能鑽到這地方最深最有意思的地方，帶出連在地人都不知道的體驗。

即將旅行至西班牙，或想深入探索馬德里的朋友，這是一本你一定要收藏的遊城祕笈！

—— MiVida 就是生活 主理人、

西班牙旅居 / 創業者 暢銷作家 **凱若 Carol**

都說了要帶路，讓你走進馬德里人的生活日常、傳達馬德里獨一無二的生活況味，我將本書重心放在和坊間談論馬德里的旅遊書不太一樣的角度上，以「百年經典老店」、「在地酒館食旅」、「小區生活慢遊」作為3大主體，劃分為以下4個章節：

Chapter. 1 有一種生活叫馬德里

開門見山地介紹馬德里生活各個面向，帶你感受馬德里人繽紛燦爛的生活方式。

Chapter. 2 在地人談馬德里飲食

透過飲食來認識一個文化，引你對馬德里豐富多元的飲食文化產生興趣和想像。

Chapter. 3 馬德里 10 條主題路線

補充馬德里的主題旅遊路線和遺珠景點，助你根據個人興趣喜好來安排行程。

Chapter. 4 馬德里 14 個特色小區

以「精華景點探訪」、「在地餐酒指南」、「百年老店巡禮」單元，深度介紹各個小區，並且不藏私地端出我的私房景點，領你探索馬德里城區的萬種風情。

當然，馬德里真的很大、而且與時俱進，我也無法面面俱到。以下幾個提醒：

「精選」百年老店和餐廳酒館

馬德里城裡優秀的老店、餐廳、酒館絕對不限於書裡所提及，但礙於篇幅有限，我只能客觀地以知名度和重要性、加上個人主觀的喜好，精選出收藏在書中的店家。

「不收錄」創意料理、精緻餐飲、異國料理

馬德里近年來創意料理和精緻餐飲蓬勃發展，異國料理也活絡多元，你不妨上最專業的法國《米其林指南》找星星、或從西班牙本地的《雷普索爾指南》(Guía Repsol) 找太陽。本書則聚焦在馬德里的小吃文化、酒館料理、在地美食上。

譯名因店名而異

書中出現的景點，除了露天跳蚤市場 El Rastro 以外，都有中文譯名，幾乎都與 Google 地圖和維基百科使用同樣的譯名。

至於店家、餐廳、酒館，我則依照西文名稱，決定譯為中文與否、採取音譯或意譯。若西文名稱意譯為中文後意義模糊、音譯後意義不明或文詞冗長，就只放西文名稱。舉 3 個例子說明：

- 百年糕餅店 La Mallorquina，我只定義「百年糕餅店」，沒有意譯為「馬約卡島女孩」，以免與糕餅店本身混淆。
- 百年高級料理餐廳拉爾迪 Lhardy，「拉爾迪」是西文音譯，翻譯出來方便大家認識西文名稱唸法。
- 百年蝦料理小酒館阿公之家 La Casa del Abuelo，「阿公之家」是西文意譯，翻譯出來讓大家增加記憶點。

街道亦然，譬如「商店一條街」Calle de Fuencarral 街，音譯為「福恩卡拉爾街」可說又臭又長，對於從 Google 地圖找路也並無幫助，不如只留西文名稱。

地址應該怎麼看

Calle 是西班牙文的「街道」，後面接街名和號碼。但是，有些地點或因為位在廣場上、或是街上唯一的建築物，就沒有門牌號碼，西文會寫做 s/n，也就是「無號碼」(sin número) 的縮寫。例如：大麥市場的地址是 Plaza de la Cebada, s/n，意即「大麥廣場，無號碼」。

營業時間會變動

即使我對於景點和店家的營業時間力求精準，但許多老店會在夏天放暑假，而且遇上國定假日時也可能會提早關門，資訊必有不盡完整之處，還請理解。

數字價格霧煞煞

西班牙用逗號「,」當小數點，句號「.」當千分位，和我們恰恰相反！舉例說明：€ 1,068 是 1.068 歐元，€ 1.068 是 1,068 歐元，€ 1.068,068 是 1,068.068 歐元。買單結帳時不要搞混囉！

西班牙對 COVID-19 防範政策

西班牙幾乎取消了所有對於 COVID-19 的防範措施，正式走入疫情流感化、生活正常化、旅遊常態化的後疫情時代！

入境要求

西班牙已經取消所有的入境衛生管控措施，入境西班牙的旅客將無須出示任何形式的健康證明或疫苗護照。

口罩戴不戴？

西班牙已經不強制要求在室內或室外配戴口罩囉！以下詳細說明：

- 乘坐大眾運輸工具不強制要求配戴口罩。
- 任何供公眾使用的室內場所和封閉空間都不強制要求配戴口罩。
- 6 歲以下的兒童在任何情況下都不需要配戴口罩。
- 在醫院、藥局、衛生保健中心、療養院等醫療照護機構不強制要求，但仍「建議」配戴口罩。不過，在加護病房、手術室等有重病傷患和免疫功能低下病患的區域，仍須配戴口罩。

儘管口罩令已經幾乎全面解除，但西班牙政府建議體弱人士或有急性呼吸道感染症狀的旅客，如果必須與人在距離小於 1.5 公尺的情況下長時間接觸、或要到人潮眾多的場合、以及搭乘大眾運輸工具時，請盡量配戴口罩，保障自身健康安全。

確診怎麼辦？

如果你出現 COVID-19 症狀，可到藥房購買快篩檢測。如果你確診 COVID-19，西班牙已經不強制要求確診個案和密切接觸者進行自我隔離，但請遵循以下建議：

- 避免與人群接觸，不要參加大型活動。
- 確診期間，建議配戴口罩外出，勤洗手以保持手部衛生。
- 西班牙大城市裡藥局多而密集，若身體不舒服，可到藥局徵詢藥劑師意見服藥。

如果你在確診期間出現嚴重症狀、需要緊急就醫，西班牙的醫院和醫療機構都可提供緊急醫療服務，請撥打緊急救助電話 112。

官方資訊

由於 COVID-19 防範措施已經幾乎全面取消，西班牙政府也關閉了疫情期間的「西班牙旅遊健康管控」(Spain Travel Health，簡稱 SpTH) 網站和 App。如果你對西班牙官方防疫規定有任何疑問，在出發前可查詢西班牙衛生部官網：www.sanidad.gob.es

臺灣太雅出版編輯室提醒

太雅旅遊書提供地圖，讓旅行更便利

地圖採兩種形式：紙本地圖或電子地圖，若是提供紙本地圖，會直接繪製在書上，並無另附電子地圖；若採用電子地圖，則將書中介紹的景點、店家、餐廳、飯店，標示於Google Map，並提供地圖QR code供讀者快速掃描、確認位置，還可結合手機上路線規畫、導航功能，安心前往目的地。

提醒您，若使用本書提供的電子地圖，出發前請先下載成離線地圖，或事先印出，避免旅途中發生網路不穩定或無網路狀態。

出發前，請記得利用書上提供的通訊方式再一次確認

每一個城市都是有生命的，會隨著時間不斷成長，「改變」於是成為不可避免的常態，雖然本書的作者與編輯已經盡力，讓書中呈現最新的資訊，但是，仍請讀者利用作者提供的通訊方式，再次確認相關訊息。因應流行性傳染病疫情，商家可能歇業或調整營業時間，出發前請先行確認。

資訊不代表對服務品質的背書

本書作者所提供的飯店、餐廳、商店等等資訊，是作者個人經歷或採訪獲得的資訊，本書作者盡力介紹有特色與價值的旅遊資訊，但是過去有讀者因為店家或機構服務態度不佳，而產生對作者的誤解。敝社申明，「服務」是一種「人為」，作者無法為所有服務生或任何機構的職員背書他們的品行，甚或是費用與服務內容也會隨時間調動，所以，因時因地因人，可能會與作者的體會不同，這也是旅行的特質。

新版與舊版

太雅旅遊書中銷售穩定的書籍，會不斷修訂再版，修訂時，還區隔紙本與網路資訊的特性，在知識性、消費性、實用性、體驗性做不同比例的調整，太雅編輯部會不斷更新我們的策略，並在此園地說明。您也可以追蹤太雅IG跟上我們改變的腳步。

🟦 taiya.travel.club

票價震盪現象

越受歡迎的觀光城市，參觀門票和交通票券的價格，越容易調漲，特別Covid-19疫情後全球通膨影響，若出現跟書中的價格有落差，請以平常心接受。

謝謝眾多讀者的來信

過去太雅旅遊書，透過非常多讀者的來信，得知更多的資訊，甚至幫忙修訂，非常感謝大家的熱心與愛好旅遊的熱情。歡迎讀者將所知道的變動訊息，善用我們的「線上回函」或直接寄到taiya@morningstar.com.tw，讓華文旅遊者在世界成為彼此的幫助。

從馬德里到天堂 (De Madrid al Cielo)！馬德里的天空總是湛藍，陽光總是燦爛，自古至今都是西班牙畫家們熱愛捕捉的光影色彩。

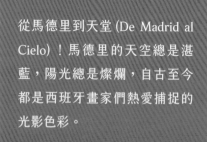

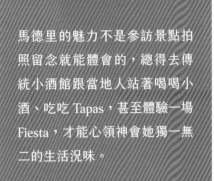

馬德里的魅力不是參訪景點拍照留念就能體會的，總得去傳統小酒館跟當地人站著喝喝小酒、吃吃 Tapas，甚至體驗一場 Fiesta，才能心領神會她獨一無二的生活況味。

馬德里人大多熱情直爽不做作，生活態度隨性悠哉，非常重視休閒時間與社交生活。我熱愛收集馬德里各行各業的百年老店，尤其是老店們經典的門面，家家都精采！此外，老酒館內部的瓷磚裝飾和吧台設計，也都是藝術品等級！

有一種生活
叫做馬德里

　　享譽全球的美國文豪海明威
(Ernest Hemingway) 在文集《午後
之死》(Death in the Afternoon) 中，
這麼描述馬德里：「馬德里是全西
班牙最西班牙的城市，最適宜居
住，最棒的人兒…」(It is the most
Spanish of all cities, the best to live
in, the finest people...)

　　馬德里是西班牙首都、馬德里大
區的首府，也是西班牙最大的都市、
政治與金融的中心，地理位置幾乎
就在西班牙國土正中心。集西班牙
地方文化之大全，匯集從西班牙大
江南北前來打拼的人們，更融合來
自拉丁美洲及世界各地的移民。

　　雖帶著首善之都的自豪與驕傲，
卻有著多元而開放的城市性格。一
面堅持保存西班牙傳統的生活方
式，一面努力成為具有創新精神的
文化熔爐。

　　本章將從我的生活體驗與觀察、
馬德里歷史大事記、百年老店的存
在意義、傳統節日慶典等各種角度
娓娓道來，所謂馬德里的生活，究
竟是如何地不思議！

馬德里人在露天座愉快地用餐、小酌、談笑

城市印象

馬德里關鍵 Q&A

Q：我最喜歡馬德里的什麼？

A：以下幾樣事物～

● 燦爛刺眼的陽光和萬紫千紅的夕陽！好天氣時不戴太陽眼鏡會瞎掉，但遇上陰雨天就灰撲撲很令人發悶。

● 各行各業的百年老店！我尤其熱愛收集老店經典的歷史門面和雋永的陳年裝飾。

● 幾乎每個街角都有一間傳統酒館！不論風貌、味道、人情都充滿美感、熱力、魔法，喝幾杯小酒、吃幾盤 Tapas，酣暢快活，讓人忘掉時間與煩惱。我尤其喜愛欣賞酒館華美的瓷磚牆面和多元的吧台設計，在我心中是藝術作品來著。

● 立飲立食的飲食文化！摩肩接踵站在吧台前吃吃喝喝，是一種社交正確，也是馬德里最令人難忘的社交體驗。

● 隨處可坐下來休憩、放空的草地和長椅、超 Chill 的廣場和露天座、還有步行或搭捷運就可抵達的大型森林公園！

● 馬德里養狗人士特多（我也不例外），是座狗兒友善城市！出門逛一圈就收集到 20 隻狗兒也不誇張！許多主人進店家採買時，會把狗兒繫在門口等候，許多店家也會貼心準備水盆給狗兒解渴。

Q：馬德里適宜居住嗎？

A：全球文青拜讀的英國風尚雜誌《MONOCLE》將馬德里評選為 2022 年全球第 15 名適宜居住的城市！我在馬德里住了 10 年，真心認為除了薪水低、房租高讓人存不了錢（苦笑），作為一個歐洲首都，馬德里的飲食物價相對合理、藝文活動豐富、公園綠地遍布、人民親切熱情，是生活的好所在。

1. 馬德里的陽光是正港的金黃色／2. 百年小酒館 La Casa del Abuelo 裡，觥籌交錯的歡樂氣氛／3. 坐在草地上放空聊天，是馬德里生活樂趣之一／4. 小酒館的瓷磚藝術風情萬種／5. 馬德里傳統酒館商家門面的用色繽紛／6. 坐在長椅上閒話家常的馬德里阿嬤們

2

3

4

5

6

1. 在廣場露天座曬狗，是馬德里養狗人士的既定行程／2.馬德里的建築多是黃橙粉紅等暖色系／3.秋天的麗池公園紅葉繽紛，是一年中最浪漫的時節／4.馬德里的陽光春天就很強烈了，太陽眼鏡是必備／5.週末早晨在露天廣場上 Chill 的馬德里人／6.溜直排輪遛狗也是馬德里人的特殊才能之一（笑）／7.和愛犬一起躺在廣場的長椅上曬太陽打個盹，好幸福／8.馬德里的街道也綠意盎然

Q：馬德里的缺點是？

A：沒有海灘！但雖不能下海，上山卻很容易！多虧了橫越北部的瓜達拉馬山脈，夏天有許多山城小鎮可避暑、冬天有滑雪場可休閒，登山健行路線也非常多。

Q：馬德里和巴塞隆納的差異在哪？

A：巴塞隆納有高第建築，馬德里有普拉多美術館。巴塞隆納是溫和的地中海氣候，馬德里是夏酷熱冬嚴寒的大陸性氣候。巴塞隆納生活方式比較國際化，用餐時間早一點，流行快一點，物價高一點；馬德里走傳統西班牙的生活步調，用餐時間晚，流行慢一步，物價相對巴塞隆納低一點。巴塞隆納人雖也親切，但較難親近；馬德里人個性大多隨性，（過度）樂於攀談。

Q：最適合來馬德里旅遊的季節？

A：馬德里的秋天最美，初秋 9 ～ 10 月，氣候最為宜人；想體驗馬德里的熱鬧，初夏 5 ～ 6 月，露天活動最多。

Q：最不適合來馬德里旅遊的月分？

A：盛夏 7 ～ 8 月，酷熱難耐，烈日毒辣，室外根本如同烤箱，13:00 ～ 20:00 出門保證中暑，要等到 21:00 才會慢慢降溫。此外，西班牙全國上下許多餐館和商家 8 月會關門休息放暑假，美食主義者請避開此時來訪。

Q：不會講西班牙文會很麻煩嗎？

A：雖然馬德里人英文不太好，但他們多半很熱情，肢體語言和「Spanglish」溝通無礙。你也可以學幾句簡單的問候語，譬如：你好是 Hola（H 不發音，唸作喔拉）、謝謝是 Gracias（發音：格拉西亞斯）。

Q：馬德里很危險嗎？

A：馬德里比起歐洲其他大城市相對安全，但遊客多的城市必有扒手，也就有被偷、被搶的風險，馬德里的觀光區也不例外。建議享受旅遊的同時，也要保持警覺心！基本原則：人多背包抱緊處理、用餐手機別放桌上、生人靠近立刻閃避、獨自一人別走暗巷、穿著打扮不要炫富。

文化衝擊

馬德里生活哲學

馬德里對旅人遊客來說，進入障礙不高，但難免也會遇到文化衝擊。這些文化差異細數起來，也是族繁不及備載。我列舉些有趣的馬德里（西班牙）式生活哲學，當你有機會親身體驗時，不至於無所適從。

跟全世界唱反調的用餐時間

二戰期間西班牙獨裁者佛朗哥將軍為了向德國納粹領導人希特勒表達友好，將本該與英國同時區的西班牙時鐘調快了一小時以與德國同步，自此太陽晚了一小時下山，導致西班牙人吃飯時間全天下最晚！以午餐來說，馬德里餐廳大約 13:30 開門、14:00 開始吃飯；至於晚餐，馬德里餐廳的第一輪訂位通常從 20:00 或 20:30 開始，較傳統的餐館還有 22:00 或 22:30 的第二輪訂位，有時晚餐還沒吃完，在餐桌上都已經打盹起來了！

上班族的 Siesta 是種迷思

至於西班牙人聞名世界的午睡文化，其實是種迷思。即使服務業有 2 ～ 3 小時的午休時間，店家通常會在 14:00 ～ 17:00 關門休息，少有人來得及趕回家補眠；在辦公室工作的上班族，也沒有趴在桌上小睡的風氣。不過，自從 COVID-19 疫情爆發後，在家上班、混合辦公模式成為顯學，西班牙人午睡比例的確有漸增趨勢。至於週末和夏天度假時，幾乎沒有西班牙人不午睡的啦！

Fiesta 面前人人平等

西班牙文有兩個單字可代表西班牙特殊的生活文化：Fiesta 和 Siesta，前者是派對，後者是午睡。Fiesta 之所以具有代表性，因為「社交生活」是西班牙人生命中不可或缺！你會在西班牙的酒吧裡，見到推嬰兒車的父母、坐輪椅的身障人士、牽導盲犬的視障朋友、白髮蒼蒼的銀髮族，沒有任何障礙能夠阻止西班牙人從事社交活動！！

最愛酒吧和露天座

　　至於馬德里人最愛的社交場所，當然以風情萬種、熱絡歡樂、隨性自在的小酒館和露天座(Terraza)莫屬。由於西班牙人是哪兒有陽光就往哪盛開的向日葵，加上馬德里陽光總是燦爛，即使在寒冬，只要太陽賞臉，各大小廣場的露天座都會一位難求！

酒館吧台地上垃圾越多表示食物越好吃

　　馬德里小酒館的吧台有個奇景：當地客人特愛把用過的餐巾紙和牙籤往地上丟，因此也造就了「吧台地上垃圾越多，表示這家小酒館的酒食越優秀」的說法。老實說，根據我親身經驗，通常屢試不爽！

露乳溝是一件很自然的事

　　如果你在夏天來訪，會發現街上乳溝姊妹姨婆俯拾即是！她們大多無意賣弄性感，只是自然而然地展現身材，我們不妨大方欣賞。如果在海灘遇到上空姊，也請學習西班牙人自在地看待身體的態度，不指指點點，不失禮偷拍。

排隊大有學問

　　西班牙的百貨公司客服中心、市場攤位多設有號碼機，但遇上要排隊又沒叫號機的店家，你可能就霧煞煞了，因為西班牙人沒有排一條直直隊伍的習慣，大家進門後會問一下散亂的人群「誰是最後一位啊？」，然後跟著接龍下去。

1. 天氣放晴時，馬德里的露天座總是滿座 / 2. 馬德里每個社區街角都有一家隨性家常的酒吧 / 3. 生意好的老酒館地上垃圾往往這麼多

共享經濟交通工具滿街跑

馬德里街頭是共享經濟的展演場：市政府公共自行車 BiciMAD，滿街飛奔的外送餐員，共享電動汽車、機車、滑板車，百家爭鳴！但我誠心建議，馬德里馬路不如巴塞隆納筆直寬敞，處處潛伏危機，出門在外講求安全第一，瀏覽城市風光，建議還是以步行或搭乘地鐵為上策。

有英國裁縫百貨 (El Corte Inglés) 真好

英國裁縫百貨是西班牙唯一的連鎖百貨公司，各大城的精華商業區都有一間。大家熟知的「英國宮」是個誤譯，正確譯名應該是「英式剪裁」，名稱由來是創辦人自裁縫店起家。百貨公司 1940 年成立至今，對西班牙人的重要性可比 7-11 之於台灣人一樣！銷售項目涵蓋生活所需，服務內容五花八門，尤其超市品項眾多，是旅人補充食糧和採買伴手禮的好去處！

放暑假天經地義

西班牙法律規定，員工每年有 22 天特休日，再加上 14 天全國性或地區性的法定假日，一年加總起來共有 36 天「有薪假」，真夠台灣上班族羨慕嫉妒了！西班牙人通常會在夏天休掉大部分的年假，有錢就出國去玩，沒錢就到國內的海邊或山上避暑。

遊行與罷工是基本人權

來到西班牙旅遊，偶爾會遇上街頭示威抗議或各行各業罷工狀況，雖然會為旅途帶來些許不便，但這是西班牙人民表達心聲與爭取權益的合法途徑。不巧遇上時，不妨轉個念，當作是旅途中獨特的體驗吧。

1. 一字排開的馬德里公共自行車 BiciMAD ／ 2. 觀賞英國裁縫百貨的耶誕裝置 (CORTYLANDIA)，是馬德里孩童耶誕過節儀式

樂於鼓勵街頭藝人

西班牙人對街頭藝人普遍抱持鼓勵與支持的態度。在馬德里的廣場、公園和捷運上，常有機會遇到裝扮街頭藝人和音樂表演者。表現精采的話，大家通常都不吝於給予熱烈掌聲，甚至打賞零錢。如果你想跟街頭藝人們合照，可別吝嗇打個賞喔！

兩支足球勁旅

足球是西班牙的國球，每遇重大賽事，酒吧必定一位難求、城裡必有歡呼狂吼。馬德里的兩支勁旅「皇家馬德里」(Real Madrid) 和「馬德里競技」(Atlético Madrid)，各有各的球迷和地盤：西貝萊斯噴泉 (Fuente de Cibeles) 是皇馬的、海神噴泉 (Fuente de Neptuno) 是馬競的。球隊奪冠封王時，球迷會集合在其地盤封街慶祝。

陌生人也要講究禮貌

西班牙注重人際關係，表現在日常禮儀上，打招呼是禮貌的展現，不做就渾身不對勁，譬如：電梯裡或走廊上遇到陌生人、進入店家和店員照面，都要說聲Hola；從餐酒館離開時，也必定跟服務生說聲謝謝和再見；在門口兩兵相見，一方要進、一方要出時，會互讓對方；出捷運站門時，前人會幫後人扶著門，後人會向前人道謝。

在家和上街都不穿拖鞋

大部分的西班牙人在家不脫鞋，只有就寢前會換上睡衣和家用拖鞋。在城市街頭也很難得看到西班牙人穿拖鞋，只要看到穿拖鞋的，十之八九可以認定是其他國家來的觀光客。

1. 酒吧裡掛著馬德里競技足球隊的簽名球衣 ／ 2. 主廣場上為遊客繪製肖像畫的街頭藝師

歷史大事

馬德里近代簡史

要認識一座城市，得聽聽她的生平大事。我將馬德里成為首都以來，幾個重要的年分大事摘要出來，先了解她的過去，更容易認識她的現在。

1561 年

哈布斯堡王朝的國王費利佩二世 (Felipe II) 因為各種政治動機和經濟考量：馬德里位居伊比利半島正中心、有著豐富的水資源、有座現成的城堡可改建為宮殿、鄰近寬闊的狩獵林場、位在他心愛的埃斯科里亞爾 (El Escorial) 山城旁等原因，將王宮遷至馬德里，從此西班牙定都在此。

馬德里本來是座小村莊，向來缺乏城市規畫，像迷宮般曲折的幽暗街道，是她難以實行現代化的先天障礙。哈布斯堡王朝統治時期對馬德里的建設，頂多是把主要街道和廣場整頓成型，並且興建了眾多的教堂和修道院。

1759 年

波旁王朝的國王卡洛斯三世 (Carlos III) 即位，決心向當時歐洲最具規模的大城市如巴黎和聖彼得堡看齊，聘請了知名的建築師，設計擘劃、大興土木，對馬德里進行了大規模的都市改革與市容「現代化」。馬德里自此終於從灰暗的中古宗教市鎮變身，奠定起堂堂歐洲首都應有的面貌，因此卡洛斯三世也被稱為「馬德里史上最佳市長」！

1808 年

拿破崙軍隊入侵馬德里，半島戰爭 (又稱為西班牙獨立戰爭) 爆發，馬德里人民憤而起義，死傷慘重。西班牙在 19 世紀政局動盪下，不安地進入了 20 世紀。

1936 ～ 1939 年

慘烈的西班牙內戰打了 3 年，戰後開啟佛朗哥將軍 (Francisco Franco) 長達 36 年的獨裁統治。

1975 年

獨裁者佛朗哥將軍去世，西班牙自此逐漸進入至民主化時期。

1980 年代

受到民主化的衝擊，反主流文化的馬德里新浪潮運動 (La Movida Madrileña) 像流星滑過天際。馬德里年輕人以馬拉薩娘區 (Malasaña) 為大本營，發展起獨特的地下文化，影響觸及西班牙社會風氣與藝文時尚各面向，國際知名的電影導演阿莫多瓦 (Pedro Almodóvar) 也是當時的旗手之一！

2004 年

馬德里阿托查車站 (Estación de Atocha) 被恐怖分子攻擊，193 人不幸喪生、逾 2000 人受傷，舉國震驚、震撼，至今仍是許多馬德里人無法忘懷的傷痛。

2020 年

一場 COVID-19 世紀疫情來襲，西班牙在 3 月 14 日進入緊急狀態，全國封城、全境封鎖。西班牙媒體當時指出，馬德里的危險指數直逼武漢，風聲鶴唳。在疫情期間，不少餐館和店家因為不敵經濟衝擊而黯然倒閉。

今天的西班牙已進入後疫情時代，生活恢復常態、活動重新展開，馬德里也再度熱鬧非凡，旅人遊客重返街頭，各行各業重新活絡。即使未來的日子仍有許多未定之數，但樂天知命的馬德里人仍會努力活在當下，馬照跑、舞照跳。

1. 美麗的西貝萊斯噴泉是國王卡洛斯三世主導的都市計畫之一／ 2. 阿托查車站曾被恐怖分子攻擊，今日車站旁設有紀念碑／ 3. 疫情後遊客回歸，馬德里再度熱鬧滾滾

絕代風華

馬德里百年老店

想深刻體會馬德里的歷史風華，除了逛博物館、參訪古蹟、讀歷史書以外，最能親臨其境的方式，莫過於造訪各行各業的百年老店—那些「活的」庶民生活博物館！

不論是到百年糕餅店吃早餐、在百年餐酒館用膳小酌、泡百年文人咖啡館與旅伴談天、上百年市場買菜、到百年商店買伴手禮，都能感受到城市的歷史痕跡、呼吸古人的生活氣息。

造訪百年老店，吃的不是飯、喝的不是酒、買的不是商品，而是歷史、傳統、文化、城市精神。品味和體驗的，是百年商行在資本主義和消費主義氾濫、沒有靈魂的連鎖店盛行的時代洪流中，所堅持的人情味和商道，難能可貴、獨一無二、難以複製。

幸運的是，馬德里現在還擁有超過150家維護完善、保存良好、仍在營運的百年老店，有些店家甚至已有200年的悠久歷史，至今仍然在為馬德里人服務，也等待著你來參與它們的歷史！

百年老店哪裡找

凡對馬德里城民生活有特殊貢獻的百年老店，市政府都贈予一塊「銘牌」鑲在門口地板上，踩街散步時不妨留意。此外，市政府還做了非常完善的百年老店網站，可依照行業別或各小區搜索，可惜只有西班牙文版本～

🖳 comercioscentenariosdemadrid.es

1.百年老店的銘牌上標明了店家名稱和創始年分／2.百年酒吧平易近人不浮誇，已融入馬德里人生活中／3.百年餐酒館 Taberna Oliveros 的瓷磚牆面。是精美絕倫的藝術品／4.安東尼波登也造訪過的百年小酒館 Bodega de La Ardosa／5.百年草編鞋店 Casa Hernanz 琳琅滿目的鞋款／6.百年縫紉材料行 Almacén de Pontejos 鋪天蓋地的商品／7.城裡最受歡迎的小酒館 Casa Labra，憑炸鱈魚一味屹立百年

節時慶典

馬德里傳統節慶

西班牙人酷愛熱鬧，天生就是狂歡作樂的高手，一年到頭、全國各地有一輩子都玩不完的節慶活動，反映出西班牙多元璀璨的文化傳統和西班牙人多彩繽紛的生活方式。

除了全國性的節日以外，各地還有獨具特色的地方慶典，馬德里也不例外！想當然爾，應景美食也是必要的！符合西班牙人嗜吃甜食的喜好，幾乎所有節慶食品都是甜點，很少有例外。

全國性的節日要認真過：

西班牙傳統信奉天主教，因此全國性的節日與宗教文化息息相關，馬德里人當然也認真慶祝這些節日。

1月6日
三王節 (Día de Reyes)

聖經《馬太福音》記載，耶穌出生時，東方三王跟隨星星的指引，騎著駱駝在1月6日抵達伯利恆的馬槽，獻上禮物慶賀聖嬰誕生，因此西班牙父母傳統上會在這天送禮物給小孩。代表性糕點是國王蛋糕 (Roscón de Reyes)——有果乾點綴的環狀蛋糕，加了鮮奶油 (Nata) 內餡的改良版也很受歡迎。1月5日傍晚，全國各地會舉辦三王節遊行 (Cabalgata de Reyes)，馬德里的三王造型和創意花車總是矚目的焦點，遊行隊伍還會準備上萬公斤的糖果狂撒給兩旁的孩子們。

3～4月
聖週 (Semana Santa)

天主教復活節前一週，西班牙許多城鎮都會舉行跟台灣廟會遊神遶境有異曲同工之妙的「聖週遊行」(Procesión)——由虔誠男丁扛著載有耶穌受難或聖母像的超重神轎繞行大街。隊伍裡有戴著象徵懺悔、贖罪的錐形尖帽且身著長袍的蒙面信徒——這是從中古世紀流傳至今的傳統，千萬別跟美國3K黨混為一談了！遊行中也可見到結髮髻、戴頭紗、著傳統黑衣的女性。馬德里的遊行規模雖比不上南部安達魯西亞大區那麼轟轟烈烈，但應景的炸麵包 (Torrijas) 絕對少不了！

1.百年小酒館 La Casa de las Torrijas 專賣炸麵包／
2.馬德里最古老的糕餅店 Antigua Pastelería del Pozo
全年供應國王蛋糕／3.百年餐廳 Lhardy 的國王蛋糕
精美誘人／4.金光閃閃的聖母夜間出巡，民眾紛紛
搶拍／5.馬德里王宮前，皇家衛隊抬出耶穌受難像
遶境

11月1日
諸聖節 (Día de Todos los Santos)

可說是西班牙的清明節，西班牙人傳統上會在這天帶著鮮花去掃墓。應景甜點是內餡多元的油炸泡芙 (Buñuelos de viento) 和聖人骨杏仁卷 (Huesos de santo)。不過，現在大人小孩都愛學英美國家過 10 月 31 日的萬聖節，每年此時街上到處可見南瓜。

12月24～25日
耶誕夜和耶誕節 (Nochebuena 和 Navidad)

西班牙的耶誕氣氛雖然不像德奧系國家那麼濃烈，但馬德里老城區仍會點亮燈飾，在太陽門 (Puerta del Sol) 等重要廣場豎立起耶誕樹，主廣場 (Plaza Mayor) 則會舉行耶誕市集。此時有三大應景甜點：一是杏仁糖磚 (Turrón)，又分為硬的 (Turrón de Alicante) 和軟的 (Turrón de Jijona)；二是口感粉粉沙沙的杏仁糖鬆 (Polvorón)；三是古城托雷多 (Toledo) 名產杏仁甜糕 (Mazapán)── 雖然口感各有差異，但都跟杏仁脫不了關係，而且甜度驚人！

12月31日～1月1日
跨年 (Nochevieja)

西班牙人跨年夜要吞 12 顆葡萄──此習俗來自百年前，葡萄果農因為豐年生產過剩而推出的促銷手法，至今已成為國民傳統。每年倒數最後 12 秒，1 聲鐘響吞 1 顆葡萄，12 響敲完時吞完 12 顆葡萄，新年就有好運到！太陽門廣場是舉行吞葡萄儀式的重鎮，跨年夜一手拿葡萄、一手舉酒杯的人潮，會把廣場和周圍街道擠得水洩不通。年輕人倒數完會去派對狂歡到天亮，回家前再去吃份吉拿棒配熱巧克力 (Churros con chocolate) 作為新年的第一餐。

3

1. 各種口味的油炸泡芙 ／ 2. 聖人骨杏仁卷的味道非常甜 ／ 3,4,5. 馬德里人全家出動來逛主廣場的耶誕市集 ／ 6. 百年杏仁糖磚專賣店 Casa Mira 的各種口味杏仁糖磚 ／ 7. 大年初一到巧克力與吉拿棒油條店吃早餐，是馬德里人傳統

4

5

6

7

馬德里的節慶要熱鬧過：

馬德里主保聖人聖伊西德羅節 (Fiestas de San Isidro)

聖伊西德羅 (San Isidro) 是馬德里的主保聖人，也是農業勞動者的守護神。聖伊西德羅節是馬德里最重要的地方慶典，多彩多姿的慶祝活動和表演節目，會熱鬧非凡進行將近一週，整個城市瞬間變成一場早晚不停歇的大型廟會和露天派對，充滿馬德里城的氣息和馬德里人的熱度！慶祝活動包括：

● 到聖伊西德羅教堂 (Ermita de San Isidro) 朝聖並飲用聖水。

● 大頭巨人遊行 (Los Gigantes y Cabezudos)。

● 市政府舉辦的多處免費演唱會、音樂會、戲劇表演。

● 到聖伊西德羅大草地 (Pradera de San Isidro) 逛節慶攤位。

伊西德羅大草地的節慶攤位，白天像園遊會、晚上就如亞洲夜市，會讓你有一秒回台灣的感覺！除了熟悉的射氣球攤，還有各種美食，譬如：大香爐烤香腸和肉排、馬德里招牌的內臟料理炸羊肚 (Gallinejas y Entresijos)、應景甜點馬德里甜甜圈 (Rosquillas)、有加酒的馬德里檸檬水 (Limonada Madrileña)，毫不保留傾巢而出！男女老少會穿上馬德里傳統服飾 (男性叫做 Chulapo、女性叫做 Chulapa)、女子頭上會配戴紅色康乃馨，或坐在路邊攤矮桌椅、或坐在草地上野餐，吃吃喝喝，甚至跳起傳統舞蹈 (Chotis)，享受最具馬德里民俗風情的慶祝方式！

1.紅色康乃馨是馬德里女子在聖伊西德羅節的必備頭飾／2.連毛小孩也穿上傳統服飾來參加慶典／3.聖伊西德羅大草地的園遊會總是萬頭鑽動／4.聖伊西德羅節園遊會必備:大香爐烤香腸、臘腸、肋排、三層肉／5.穿著馬德里傳統服飾的 Chulapas／6.男女老少都愛在聖伊西德羅節的路邊攤吃吃喝喝／7.馬德里甜甜圈分為笨笨的原味(Rosquillas tontas)和聰明的有裹糖霜 (Rosquillas listas)／8.馬德里傳統炸羊肚攤位也有一席之地

夏日露天狂歡節三部曲 (Verbenas)

每年 8 月馬德里都有連續 3 場傳統露天慶典，讓夏天沒錢出城度假的馬德里人有藉口買醉狂歡、享受夏日！跟聖伊西德羅節一樣，馬德里人會穿上傳統服飾、跳起傳統舞蹈。3 場慶典分別在 3 個富有街坊色彩毗鄰老街區舉行：

● 8 月 7 日前後在跳蚤市場 El Rastro 一帶舉行的聖卡耶塔諾節 (San Cayetano)。

● 8 月 10 日前後在拉瓦皮耶斯區 (Lavapiés) 舉行的聖勞倫索節 (San Lorenzo)。

● 8 月 15 日前後在拉丁區 (La Latina) 舉行的帕羅瑪聖母節 (La Virgen de la Paloma)。

上述最後一個慶典簡稱為帕羅瑪 (La Paloma)，人氣最旺、範圍最大，慶祝活動包括：

● 各處的露天派對 (Verbenas)—大小廣場搭起舞台、大街小巷張燈結綵、酒吧直接門口擺攤，大放音樂或現場演唱，眾人就地熱舞！

● 帕羅瑪聖母 8 月 15 日會從主保教堂 (Iglesia de la Paloma) 出巡遊行。由於她也是消防員的守護神，馬德里消防隊會派出壯漢抬轎，以托雷多街 (Calle de Toledo) 為主要出巡路線。

● 夜市大亂鬥仍然少不了，五花八門的小吃和遊戲攤位陪馬德里人過節！甚至可見懷舊十足的零食路邊攤，販賣經典的椰子、乾果、蛋捲 (Barquillos)。

羊群遷徙放牧節 (Fiesta de la Trashumancia)

馬德里最可愛、最殺記憶體的街頭節慶—每年 10 月 20 日左右，數千隻綿羊和山羊，會在穿著傳統服

1. 帕羅瑪聖母出巡，由消防隊壯漢負責抬轎／ 2. 帕羅瑪聖母節將拉丁區搖身變為露天派對現場／ 3. 懷舊路邊攤出籠，竟然有賣兒時甜點糖漬蘋果

飾的牧羊人和牧羊犬的帶領下遶境馬德里市中心，穿越街道、占領廣場！

羊咩咩們會從田園之家 (Casa de Campo) 出發，穿越老城區後經由阿卡拉大街 (Calle de Alcalá) 抵達西貝萊斯廣場 (Plaza de Cibeles)，在市政府前重現 1418 年 3 月 2 日馬德里市議會與牧羊人行會所達成的「過路費」協定。

西班牙是歐洲少數仍將傳統放牧路線視為文化遺產並致力保護的國家之一。1273 年由智者國王阿豐索十世 (Alfonso X el Sabio) 創立的牧羊人行會，標記了逾 12 萬公里長的「皇家放牧路線」(Cañada Real)。為了捍衛這項傳統，遷徙放牧節自 1994 年開辦，提醒現代人，粗放畜牧業在歷史、文化、生態方面的重要性，現在已成為馬德里的大人小孩最喜愛的節慶！

1. 隊伍由穿著各區傳統服飾的農牧團體帶頭，伴隨音樂和歌唱遶境 / 2. 遶境路線旁總是擠滿了持手機狂拍羊咩咩的民眾 / 3. 這是馬德里小朋友最喜歡的節慶之一 / 4. 牧羊人認真地趕羊上路 / 5.2022 年恰逢太陽門廣場施工，羊群改道穿越主廣場

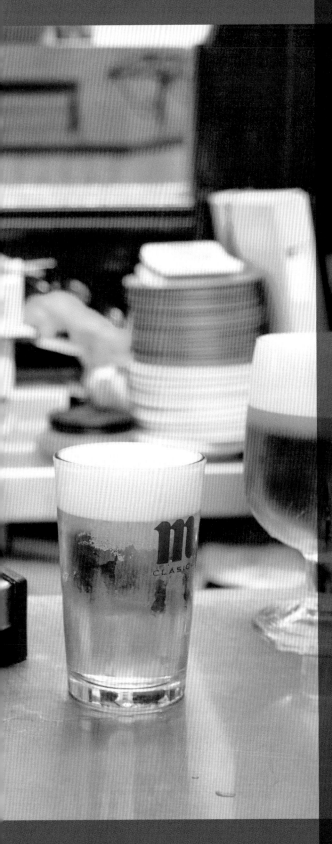

——在地人——
談馬德里飲食

　　如果說西班牙是美食的代名詞，應該少有人會反對。英國飲食雜誌《餐廳》2022 年評選的世界 50 大最佳餐廳中，西班牙就占 6 大，其中 3 家名列前十名。曾掀起全球餐飲革命的加泰隆尼亞傳奇餐廳 elBulli 和米其林三星餐廳 El Celler de Can Roca，都曾榮獲第一名。

　　除了以精緻料理 (Fine dining) 在世界美食地圖占有一席之地外，西班牙的小吃文化、酒館料理、庶民美食更是多元豐富。深受全球旅人和食客熱愛的美國廚師、作家、電視節目主持人安東尼波登 (Anthony Bourdain)，生前來西班牙錄製美食節目《波登不設限》(No Reservations) 時就說：「西班牙是亞洲以外，吃得最精采刺激的國度！」

　　本章將先從西班牙人的用餐習慣與禮儀談起，再專注於馬德里的飲食文化，談談形塑馬德里飲食風貌的各種因素、馬德里的特色菜餚與飲品，並順勢介紹馬德里的餐飲趨勢，期望將馬德里的美味符碼傳遞給你！

一家小酒館厲害與否，端看酒保生啤酒拉得好不好

西班牙人一日 5 餐

開門見山先來談，西班牙人一天 4 餐跑不掉，
吃到 5 餐不困難，週末甚至可以吃 6 餐！
馬德里人當然也不例外！

西班牙早餐風光：
麵包配橄欖油番茄泥和火腿、咖啡牛奶、
鮮榨柳橙汁

早餐
Desayuno
08:00～11:00

1. 正宗馬德里生活：早餐吃吉拿棒沾熱巧克力，喝啤酒杯裝的咖啡牛奶／2. 這盤油條裡，上層細的是吉拿棒、下層粗的是大油條／3. 吉拿棒油條專賣店牆上的可愛瓷磚畫／4. 一人份的馬鈴薯烘蛋是馬德里人正午點心首選

正午點心
Almuerzo
11:00～13:00

西班牙人的早餐中，咖啡是必需品，加杯鮮榨柳橙汁更完整。甜食為大宗，麵包糕點如可頌 (Cruasán)、西班牙版本的瑪德蓮蛋糕 (Magdalena)、拿波里派酥皮麵包 (Napolitana)、蝴蝶酥 (Palmera) 等，巧克力口味絕對少不了。

幾乎每個傳統社區都有家現炸油條店。細的小油條口感較脆，就是我們熟知的吉拿棒 (Churros)；粗的大油條 (Porras) 口感較酥，跟我們的油條很像。不論你愛哪種口感，必沾濃稠到近乎固體狀的西班牙式熱巧克力。

鹹食也有得選，來自加泰隆尼亞大區 (Cataluña) 的長棍麵包淋橄欖油和番茄泥 (Pan con tomate，也稱為 Pan tumaca) 最常見，加西班牙火腿更豐富；軟吐司和約克火腿做的起司火腿三明治 (Sándwich mixto) 簡單直白；硬吐司做的開放式三明治 (Tosta) 可搭配各種食材；小三明治 (Montaditos 或 Pulgas) 適合小胃人；來自安達魯西亞大區 (Andalucía) 的圓麵包 (Mollete) 在某些咖啡館也吃得到。

雖說一人份的馬鈴薯烘蛋 (Pincho de tortilla) 也可當早餐，但最經典的吃法，還是在早餐與午餐之間吃一塊墊肚子！炸魷魚三明治 (Bocadillo de calamares) 和小型的短棍麵包三明治 (Montadito)，也很適合在此時食用。

開胃酒菜 Aperitivo
13:00～14:00

　　不上班時才有這種閒暇，午餐前先來杯開胃酒如生啤酒 (Caña) 或香艾酒 (Vermú)，搭配一點火腿、起司、橄欖等開胃小菜，或和三五好友共享幾盤小吃 Tapas，興致和食慾都提高了，再去吃正餐。

午餐 Comida
14:00～16:00

午餐有以下幾種用餐方式：

🔵 **午間套餐 (Menú del día)**：餐館在「週間」推出的商業午餐，一套 12～15 歐元，可挑一道前菜、選一道主菜、選佐餐的飲料、在甜點和咖啡之間擇一，分量不小且價格親民，絕對吃得飽足！

🔵 **組合簡餐 (Plato combinado)**：3～4 種菜色綜合在一盤，通常是肉排、肉腸、荷包蛋、炸薯條、沙拉類的組合，不是吃巧吃好，而是吃飽吃快。老實說，午間套餐的 CP 值、菜色選擇、美味程度都完勝組合套餐。

🔵 **照單點菜 (A la carta)**：如果商業套餐的選項不得你心、或是來到一家吃正餐的高級餐廳，那就中規中矩從菜單 (Carta) 裡挑選想吃的前菜和主菜吧。

🔵 **小吃巡禮 (Ir de tapas)**：當地人只有不上班時可以到小酒館吃小吃吃到飽，但旅人不妨一家家小酒館踩點吃到爽！

1. 生啤酒和香艾酒各有愛好者，來盤炸鱈魚小吃下酒最爽快／2. 午間套餐的前菜和主菜通常各有 5～6 種菜色可選／3. 套餐主菜：我點馬德里燉肉菜豆鍋 (左)、阿卡點酥炸牛肉排 (右)／4. 供應午間套餐的家常餐館，是普羅大眾的食堂／5. 上館子吃正餐，盤裡的祕密肉 (Secreto Ibérico) 是伊比利豬最好吃的部位之一，也是必嘗的在地美食／6. 西班牙人餐桌上不可或缺的麵包

| 下午點心
Merienda | 以甜點為主，譬如甜甜圈、餅乾、海綿蛋糕等，小朋友們最愛在此時來一杯西班牙最經典的巧克力牛奶 ColaCao。 |

下午點心 Merienda
16:00 ～ 20:00

晚餐 Cena
20:00 ～ 24:00

西班牙人在家吃晚餐走「輕食」路線，沙拉、三明治、番茄冷湯 (Gazpacho 和 Salmorejo) 就可解決；出門外食的話，上餐廳就照單點菜、上酒館就小吃巡禮。家人朋友週末聚餐，用完餐通常還會繼續坐著喝酒聊天，這個餐後交誼時光的西班牙文叫做 Sobremesa，時間可長可短，長起來沒完沒了，令我又愛又怕。

西班牙餐桌禮儀

點餐順序：侍者會先詢問要喝什麼開胃用的酒水飲料，飲料上桌後才會來點前菜、主菜和要搭餐的葡萄酒。正餐吃完並且收走後，侍者會再來詢問是否要吃甜點或喝飯後飲料，譬如咖啡、茶、花草茶、餐後酒等。一輪一輪來，不急著一次點完。

麵包：西班牙人用餐一定配麵包！因此上餐館時，侍者一定會提供麵包。除非侍者事先詢問，我極少看過有人「退」麵包。如果麵包上桌了，不管你吃不吃，幾乎都要付費，大約一人 1 歐元而已；不吃的話，不妨就當作小費。

水：餐館不會主動提供，可跟侍者要免費的自來水喝，也可點礦泉水或氣泡水，餐間清味蕾、餐後去油膩。

小費：沒有嚴格規定，疫情前大部分的馬德里人都會給一點，將喝咖啡或喝啤酒找的零錢留作小費；吃正餐則通常給 10% 上下，依照用餐體驗自由心證。我很贊同以小費來鼓勵服務優秀的侍者，但疫情後行動支付橫掃全球，手上幾乎不帶現金硬幣，就越來越少人給小費了。

馬德里飲食風貌

[歷史背景形塑飲食面貌]

1. 西班牙人吃當令，森林採集的各種野菇在春秋上市 ／ 2. 馬德里小酒館裡各種香噴噴的炸物 ／ 3. 馬德里有許多加利西亞餐館供應加利西亞章魚

由於伊比利半島曾有多種民族如腓尼基人、羅馬人、西哥德人、摩爾人在此居住與統治過，西班牙飲食文化自然而然地吸收、傳承並融合了各民族料理精華。殖民拉丁美洲時期，又自新大陸引進許多歐洲本來沒有種植的農作物，如番茄和馬鈴薯，增添了食材使用的豐富性，形塑了西班牙多彩多姿的飲食面貌。

番茄是西班牙人廚房裡不可或缺的食材，品種多多

[地理差異表現多元菜系]

西班牙國土廣闊，南北相距 1000 公里，地貌變化從森林、海洋、高山、高原到沙漠，氣候差異從東岸的溫帶地中海型氣候、北部的溫帶海洋性氣候、到馬德里所在的內陸地區的溫帶大陸性氣候。風土差異反映在各地區的飲食習慣上，17個自治大區各有其產地食材、飲食特徵與代表菜餚。

被聯合國教科文組織 (UNESCO) 登錄為非物質文化遺產的「地中海飲食」，主要特點是大量食用植物食品如蔬菜水果、麵食米食、豆類堅果，以橄欖油作為主要油脂來源，搭配適量的魚、海鮮、家禽、乳製品、蛋，攝取少量紅肉，以及適量的醋和葡萄酒。

西班牙的飲食模式，號稱是以地中海飲食為基礎，而沿海地區居民的確遵循著這套模式；但內陸居民如馬德里人的飲食風格，則有著些許差異。

[首都地位孕育飲食熔爐]

馬德里地處卡斯提亞高原中心，深處內陸，居民自古以畜牧為業。馬德里菜系屬於卡斯提亞料理旗下一支，烹飪方式深受鄰近兩個大區卡斯提亞 - 雷昂 (Castilla y León) 和卡斯提

亞-拉曼查 (Castilla-La Mancha) 影響，料理方式多以燉煮、煨燒 (Estofado、Guiso、Cocido) 和燒烤 (Asados) 為主，食用不少的紅肉和臘肉。

而馬德里自從 1561 年成為首都後，來自大江南北的旅人在此薈萃交流，具有客棧與小酒館風格的菜色也逐漸演變成馬德里菜餚的特色，油香四溢的炸物 (Fritura) 與內臟料理 (Casquería)，至今仍在城裡飄香。馬德里菜系也因此吸納、揉合了全國各地的在地食材、風味料理，孕育出飲食文化大熔爐的多元特質。

自然而然，除了馬德里特色料理外，在馬德里也可吃到其他大區的菜系，西北部加利西亞大區料理 (Gallegos) 和阿斯圖里亞斯大區料理 (Asturianos) 的餐館，尤其多見。

［優秀海鮮產地直送首都］

1. 在馬德里也吃得到烤乳豬這道塞哥維亞的高原料理／2,3.馬德里的傳統市場賣著西班牙各海域直送的海鮮漁獲／4.令全球美食家為之瘋狂的西班牙緋紅蝦／5.馬德里有許多海鮮餐酒館，新鮮食材是美味的關鍵

王室、政府、達官顯要都位在首都，使用海鮮漁獲作為宴飲食材的需求可不小，因此，雖然馬德里深處內陸，但是西班牙沿海最新鮮的海鮮都會從產地直送！

從北部坎塔布里亞海 (Mar Cantábrico) 的龍蝦、南部韋爾瓦 (Huelva) 令全球高級餐廳搶購的巨無霸緋紅蝦 (Carabineros)、東岸地中海的帕拉莫斯 (Palamós) 和德尼亞 (Denia) 風味緊實的紅蝦、西北部加利西亞大區 (Galicia) 的珍

馬德里的海鮮餐廳可不少！如王室御用的海鮮供應商 Pescaderías Coruñesas 所經營的 O'Pazo、El Pescador、Desde 1911，主打當代海鮮料理的 Estimar、老字號如 La Trainera、Portonovo、Rafa。口袋不夠深，位在雀卡區的 Ribeira do Miño 是 CP 值高的選擇。我尤其推薦「立食」海鮮小酒館，如位在拉丁區的 La Paloma、拉瓦皮耶斯區的 El Boquerón、錢貝里區的 El Doble 和 Fide 等。

切記：西班牙海鮮最好吃的時節是冬天！

貴藤壺等，各種蝦、蟹、生蠔、淡菜、竹蟶、蛤蜊、扇貝、章魚、花枝、魷魚、鱈魚、鮟鱇魚、沙丁魚、又稱「多寶魚」的大菱鮃等，無數新鮮美味的海鮮和魚類，在馬德里都買得到、吃得到！

此外，我們以為拿來做成罐頭的海鮮是次級品，但製作海鮮罐頭對西班牙人來說是一門藝術，高檔的海鮮罐頭是上等貨、奢侈品，更是饕客心中的珍饈！在超市和食材鋪都買得到，非常適合當作伴手禮，某些小酒館更直接拿來當小吃，但要價可不便宜。

龐克主廚帶動精緻料理

雖說西班牙在世界美食地圖上有著重要的地位，但馬德里從前其實是精緻料理的「美食沙漠」，和加泰隆尼亞與巴斯克大區 (País Vasco) 的美食光環沾不上邊。直到 2013 年《米其林指南》給了馬德里龐克叛逆主廚大衛·穆諾茲 (Dabiz Muñoz) 前衛瘋狂的創意料理餐廳 DiverXO 全城唯一的 3 顆星後，為首都的美食板塊帶來正面的影響，激勵許多年輕的馬德里廚師發揮創意、熱情與天份，往精緻料理的路上修練。

如果你預算不足也訂不到 DiverXO，可去嘗試大衛·穆諾茲融合亞洲街頭小吃風味的餐酒館 StreetXO，體驗他「平價版」的創意料理。

馬德里特色餐點

［開胃菜琳琅滿目］

西班牙人餐前喜歡先來杯小酒、搭配開胃菜 (Aperitivos)、小零嘴 (Picoteos)，以下提到的小點其實不限於馬德里特產，全西班牙都吃得到，馬德里人也愛吃。

譬如，各式風乾醃肉類如舉世聞名的西班牙火腿 (Jamón) 包括傳奇食品伊比利火腿 (Jamón Ibérico)、豬里肌 (Lomo)、牛肉乾 (Cecina)，各種灌腸臘腸類 (Embutidos) 如紅椒粉臘腸 (Chorizo)、黑白胡椒臘腸 (Salchichón)、血腸 (Morcilla) 等，各地區出產的起司 (Queso)，各色醃漬品 (Encurtidos) 如橄欖、小黃瓜、大蒜、小洋蔥、茄子，或將橄欖、紅椒、鯷魚等醃漬物串成一小串的醃漬串 (Banderillas)。

至於前篇提到的海鮮罐頭 (Conservas) 如鳥蛤 (Berberechos)、醃漬淡菜 (Mejillones en escabeche)，我最愛的棕色鹽漬鯷魚 (Anchoas) 和白色醋醃鯷魚 (Boquerones)，以及從平價到高檔都有得選購的洋芋片，也是西班牙人不可或缺的下酒良伴。

1. 饗客的人生樂事莫過於來盤伊比利火腿作為開胃菜／2. 西班牙餐館常見掛著一條火腿，現切給客人吃／3. 顏色鮮豔讓人一看就胃口大開的醃漬串／4. 以橄欖油和紅椒粉醃漬的淡菜很下酒／5. 醋醃鯷魚以醋酸味陪襯出鯷魚鮮味

［小吃五花八門］

談到西班牙的小吃，大家都聽過 Tapas，也就是下酒菜。一碟小菜是單數 Una tapa，數碟小菜是複數，字尾加上 s 變成 Tapas。去酒館吃 Tapas 這件事，則叫做 Tapeo。在西班牙許多地區，這是一種生活方式、社交活動、飲食樂趣、美食儀式，馬德里人也是箇中翹楚！

至於為什麼叫做 Tapas ？ Tapar 是西班牙文「蓋住」的動詞、Tapas 是「蓋子」的複數，Tapas 的名稱來源說法不一：一說是 13 世紀時國王阿方索十世 (Alfonso X de Castilla) 要求酒吧賣酒時得附贈小菜，以避免國民空腹喝酒後醉酒鬧事；二說是用小碟蓋住酒杯，以防風沙兼擋蒼蠅。

不論何種說法為實，總之 Tapas 最早是客人點酒時，酒館附贈的「免費」小吃。現在馬德里仍有不少酒館保留「點酒就送碟 Tapa」的優良傳統，內行人多有口袋名單。當然了，你也可以花錢點 Tapas 吃，餐酒館會以小盤分量供應。

以下列出的代表性小吃中，有幾樣並不限於馬德里才吃得到，但在馬德里餐酒館很常吃；有些館子把某樣小吃做得太好，儼然成為該小吃的代表店，大家來到馬德里都會去吃；有幾樣則是正宗馬德里特產，只有在馬德里才吃得到，或者可說，只有馬德里小館做的才道地。

在馬德里點酒獲贈 Tapas 的機會
比在巴塞隆納高喔

5

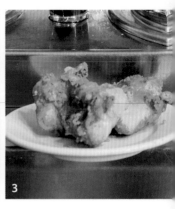

炸魷魚三明治
Bocadillo de calamares 或 Bocata de calamares

　　說是三明治，其實更像潛艇堡或越南三明治 (Bánh mì)，可夾冷肉可夾熱菜、以長棍麵包做成的西班牙三明治 (Bocadillos，又稱 Bocatas) 是趕行程和省荷包的最佳選擇，花個 5 歐元就可飽腹。而炸魷魚三明治，可稱得上是最正港的馬德里美食！幾乎每個馬德里人心中都有一家「馬德里最好吃的炸魷魚三明治」！

　　奧地利區的主廣場周遭是炸魷魚三明治最風風火火的戰區，有多家排隊名店；藝術大道區的餐酒館 El Brillante 也是老字號。如果你跟我一樣吃不下厚實的長棍麵包，不妨單點一盤炸魷魚嘗鮮。

香辣蒜蝦
Gambas al ajillo

　　也叫做大蒜蝦、蒜油蝦，馬德里下酒菜第一名！如果你試過太陽門 - 格蘭大道區百年「蝦神」La Casa del Abuelo 的熱情阿伯們以完美火候快燒的香辣蒜蝦，從前吃過的就通通不算數了！上桌時熱油還在翻騰，封存了蝦肉的鮮嫩，爆發了辛香與熱辣，鮮、香、辣齊聚一盤！連我這不愛吃麵包的人，都忍不住拿起麵包沾蒜油，一口口把麵包啃完。

1. 外帶炸魷魚三明治到主廣場席地而吃，是馬德里的美食儀式／2. 在蒜油小鍋裡滾燙翻騰的鮮蝦／3.Casa Labra 的炸鱈魚，是馬德里的排隊美食／4. 炸鱈魚球的模樣很可愛／5. 圓球狀的西班牙可樂餅／6. 橢圓形的西班牙可樂餅

4　5　6

炸鱈魚塊
Soldaditos de Pavía 也就是 Bacalao rebozado

　　炸鱈魚配生啤酒，馬德里人心中最登對的「小吃搭小酒」組合！「整塊鱈魚」裏麵衣後下油鍋炸，將鱈魚的獨特滋味和滑嫩口感直接鎖在香酥的麵衣裡，令人忍不住一口接一口！太陽門 - 格蘭大道區的百年小酒館 Casa Labra 名聲最響亮、奧地利區的小酒館 Casa Revuelta 也是箇中翹楚、拉丁區的百年小酒館 Taberna Oliveros 深藏不露。

炸鱈魚球
Buñuelos de bacalao

　　和炸鱈魚塊不同，炸鱈魚球是將鹽漬鱈魚「剁成碎塊」，與麵粉和蛋液混合後下油鍋炸成。內餡是鱈魚和麵團混合的扎實口感，類似我們的甜不辣；外皮不像炸鱈魚塊那般酥爽，但比甜不辣酥。在許多餐館都點得到。

西班牙可樂餅
Croquetas

　　西班牙版可樂餅的內餡「沒有」馬鈴薯，而是用奶油、麵粉、牛奶拌炒成的「白醬」 (Bechamel) 加入餡料做成圓球狀或橢圓形，裹上麵包粉後下油鍋炸成。內餡綿滑、外皮酥脆，是很普遍的家常菜。最受歡迎的餡料有西班牙火腿、鱈魚、雞肉、菇菌等，馬德里餐館還會做「馬德里燉肉菜豆鍋」(Cocido) 口味。

馬德里蝸牛
Caracoles a la madrileña

　　馬德里蝸牛是在辛香微辣的肉湯裡燜煮的，用牙籤挖出來吃，對敢吃蝸牛的人來說是絕佳下酒菜，可惜現在能吃到的地方不多了，在拉丁區還有兩家專做蝸牛的小酒館 Cervecería Los Caracoles 和 Casa Amadeo，滷汁依然為客飄香。

鐵板豬耳朵
Orejas a la plancha

　　豬耳朵我很推薦，馬德里不少小酒館把這道小吃做得很好，煎得又 Q 又酥又香，是位在太陽門 - 格蘭大道區兩家經典小酒館 Casa Toni 和 La Oreja de Jaime 的拿手好菜。

炸羊肚
Gallinejas, Entresijos, Zarajos

　　炸羊肚的各個部位是馬德里最重要的地方慶典「聖伊西德羅節」的應景美食。我雖然敢吃也愛吃內臟，但老實說，這兩道炸物的賣相令我怕怕，至今還未嘗試過。(逃～)

1. 馬德里辣辣的蝸牛用牙籤挑出來吃 / 2.Casa Toni 煎得酥脆的豬耳朵配上香辣的醬汁，非常下酒 / 3. 炸羊肚賣相如此，歡迎嘗試後和我分享滋味如何 / 4. 馬鈴薯烘蛋厚實起來可是不得了 / 5. 俄羅斯沙拉是阿卡的最愛，三不五時就想吃 / 6. 辣醬馬鈴薯既下酒又飽腹

西班牙烘蛋
Tortilla española
或
馬鈴薯烘蛋
Tortilla de patatas

最具代表性的西班牙小吃，堂堂正正的國民美食，家常、平價、普遍，是每個西班牙人的療癒美食 (Comfort food)！雖是小吃，但三餐皆宜，當早餐營養豐富、當午餐方便迅速、當晚餐平實飽腹，也是完美派對小點，任何時刻吃上一塊都不違和！

全民最愛辯論的美食話題莫過於「加不加洋蔥」，有人堅持不加洋蔥才正統，有人則非加洋蔥不可。烘蛋的口感也有兩派路線：一是傳統版本直爽扎實口感「乾乾硬硬」(Cuajada) 派，一是現代版本蛋液不熟口感「濕濕軟軟」(Poco hecha 或 Sin cuajar) 派。

馬德里人人都有心目中「馬德里最好吃的烘蛋餐館」排名！如今還有許多餐館做起創意口味烘蛋，松露、起司、血腸、章魚等食材都可入蛋，選擇多到吃都吃不完。

各種馬鈴薯小吃

西班牙人超愛吃馬鈴薯，在馬德里餐酒館常可吃到辣醬馬鈴薯 (Patatas bravas) 和大蒜美乃滋馬鈴薯 (Patatas alioli)，以馬鈴薯為主角的俄羅斯沙拉 (Ensaladilla rusa) 也有愛好者，如阿卡就是。

1

2

3

［馬德里傳統菜餚］

　　馬德里菜系身為卡斯提亞菜系一員，經典的卡斯提亞美食如烤乳豬 (Cochinillo asado)、烤羔羊 (Cordero asado)、阿維拉的帶骨肋眼牛排 (Chuletón de Ávila)、拉曼查燉蔬菜 (Pisto manchego) 等，都不難在馬德里吃到；源自南部哥多華 (Córdoba) 的燉牛尾 (Rabo de toro) 也深受老馬德里人喜愛。

　　至於最傳統、最道地的馬德里風味菜餚，非以下 5 道莫屬。

1. 百年小酒館 Bodega Ángel Sierra 的牆上貼著馬德里 4 大經典：生啤酒 (Caña)、燉牛肚 (Callos)、燉肉菜豆鍋 (Cocido)、炸魷魚三明治 (Bocata de calamares) ／ 2. 燉牛尾是我最愛的西班牙傳統料理之一 ／ 3. 百年餐廳 Malacatín 吧台區的燉肉菜豆 Tapa，少了麵湯，其他都有 ／ 4. 在寒冬裡享用熱騰騰麵湯的老夫婦 ／ 5. 色香味俱全的燉牛肚，一定要用麵包沾湯汁吃

─── 豆子煮鹹湯？ ───

　　我們吃豆子的習慣是煮成甜湯，西班牙人則相反，各種豆子 (Legumbres) 都吃鹹的，而且當作主食吃。舉凡鷹嘴豆、小扁豆 (Lentejas)、白腰豆 (Alubias blancas)、紅腰豆 (Alubias rojas)、大白豆 (Judiones) 等，通通都愛加肉、加臘腸燉成一鍋濃湯，全都是「用湯匙吃的菜餚」(Platos de cuchara)，在冬天吃最暖身！

各色豆子都可拿來熬成一鍋鹹香濃郁的熱湯

4 5

馬德里燉肉菜豆鍋
Cocido madrileño

此鍋堪稱是馬德里人的薑母鴨、羊肉爐—驅寒聖品！由多種食材燉煮而成，包括肉類如三層肉、牛腿、老母雞、火腿、火腿骨、大骨、紅椒粉臘腸、血腸，蔬菜如胡蘿蔔、馬鈴薯、高麗菜，加上鷹嘴豆(Garbanzos)，湯頭香濃豐腴。

一鍋精華通常分 2～3 道上桌，端看餐廳作法。若分 3 道：第一道喝加了細短麵的熱湯、第二道吃鷹嘴豆和蔬菜、第三道吃各種肉和腸。若分 2 道：第一道喝麵湯、第二道是肉、菜、豆一起上桌。

在馬德里有數家餐廳以這鍋聞名遐邇，其中許多是百年老店，如當地人和旅人都愛的 La Bola、王室御用的 Lhardy、主廣場旁的 Los Galayos、拉丁區的 Malacatín，餐廳 Taberna de la Daniela 雖未滿百年但也一位難求。有些社區餐館會將此鍋納入午間套餐選項內，非常划算。

提醒一下：此鍋吃完又飽又睏，很適合午餐吃完打個小盹。雖是冬季美食，但有些老店夏天也供應，吃完小心中暑喔！

馬德里燉牛肚
Callos a la madrileña

傳統上也屬於冬季美食，將牛肚與紅椒粉臘腸、血腸、紅椒粉(Pimentón) 等多種食材一起燉煮到軟 Q，香氣四溢，喜歡吃內臟的人不可錯過！吃太多內臟會怕怕？許多餐酒館也可讓你點盤 Tapa，分量小、吃個巧。

馬德里烤鯛魚
Besugo a la madrileña
也就是 Besugo al horno

這道加入了大蒜、洋香菜、洋蔥、檸檬、番茄醬、白酒的傳統馬德里烤魚料理，現在不容易吃到了。如果你很想品嘗，可去以馬德里燉肉菜豆鍋出名的經典餐館 Taberna de la Daniela 尋味，但得事先訂位和「訂魚」才吃得到！

蛋黃杏仁醬煮老母雞
Gallina en pepitoria

西班牙女王伊莎貝拉二世 (Isabel II) 最愛吃的一道菜！將味道較濃郁、肉質具韌性的老母雞切塊，以番紅花和白葡萄酒慢燉 2～3 小時，再加入以蛋黃和杏仁做成的醬汁，煮成這道黃澄澄的菜餚。好奇滋味如何？奧地利區的百年餐館 Casa Ciriaco 至今仍以百年傳承的食譜日日烹調這道料理。

碎蛋或稱破蛋
Huevos estrellados
又名 Huevos rotos

這是一道平實到不行的料理，食材平凡無奇、俯拾即是，不過就是炸馬鈴薯加上蛋黃不熟的荷包蛋罷了，頂多加點火腿、紅椒臘腸、小香腸 (Chistorra) 或鰻苗 (Gulas)，不過最經典的還是「薯與蛋」這般單純的組合。

碎蛋美味的重點在於食材和火候，馬鈴薯要炸得恰到好處、薯香撲鼻，荷包蛋要煎得無懈可擊、蛋液綿密。吃的時候用刀叉把蛋弄碎，讓金黃色的蛋液與馬鈴薯拌在一起，成為天作之合。

正因為簡單，反而難掌握，地雷餐館極多，馬鈴薯乾硬

無味、荷包蛋過熟是常態。要吃真功夫，請直接到把碎蛋做到舉世聞名、舉世無雙的傳統餐館 Casa Lucio 報到！

　　如果你看到這裡，發現馬德里的蔬菜料理很少 (笑)，上館子時不妨點盤台灣較難吃到的朝鮮薊炒西班牙火腿 (Alcachofa con jamón) 補充纖維素，油炸加利西亞小青椒 (Pimientos de Padrón) 也常見又好吃。

1.Taberna de la Daniela 餐館的招牌就打著馬德里烤鯛魚的名號（圖右）／ 2.烤鯛魚上桌，侍者桌邊服務細心為客人分魚／ 3.黃澄澄的蛋黃杏仁醬，味道奇妙、難以言喻／ 4.碎蛋之美味關鍵在於薯與蛋的完美結合／ 5.朝鮮薊炒火腿在傳統馬德里餐廳都點得到／ 6.台灣來訪的親朋好友都很愛吃小青椒

───── 不要傻傻在馬德里吃 Paella ─────

　　提到西班牙美食，大家第一個聯想到的都是西班牙鍋飯 (Paella)。其實 Paella 是瓦倫西亞大區 (Valencia) 的特色佳餚，在馬德里真的不需要勉強吃。尤其當餐館門口掛著各種口味的 Paella 海報時，代表著他們家的 Paella 是「冷凍包裝」再解凍加熱的，不是現做，地雷來著！

───── 西班牙本土的連鎖餐館 ─────

　　如果你很想吃連鎖速食，不如嘗試西班牙本土的連鎖餐館。VIPS 有美式早餐、鬆餅、三明治，也有西班牙料理套餐；RODILLA 是吐司三明治專賣店，適合啃不動棍子麵包的人；有百年歷史的 Viena Capellanes 有糕點、早餐、三明治、套餐，味美價廉，被我稱為「西班牙的義美」；Mallorca 是貴婦最愛的高級糕點食材鋪；100 MONTADITOS 有多種口味的小三明治和便宜啤酒。

[甜點古樸扎實]

　　西班牙人吃正餐，通常會以甜點畫下一個飽到不行的句點。除了傳統節慶的應景甜點外，餐廳的甜點菜單上常可見到的選項有：用料比台灣貨真價實的布丁 (Flan)、我個人最愛的牛奶甜米粥 (Arroz con leche)、台灣夜市也有賣的炸牛奶 (Leche frita)、會放上一片小餅乾的牛奶蛋糕 (Natilla)、要淋蜂蜜吃的奶酪 (Cuajada) 等。

　　大部分傳統餐廳供應的甜點都是手工製作的，有著純樸的古早味。雖然在超市也都買得到，但風味自然比手工做的差了一截。

布丁是午間套餐必備的甜點選項

1.牛奶甜米粥是我的最愛，老餐館做的最好吃／2.西班牙的炸牛奶會灑上糖和肉桂粉

馬德里
飲品百科

[咖啡]

　　西班牙人酗咖啡酗得兇，早餐喝醒腦、餐後助消化、聊八卦助興，是西班牙生活中不可或缺的要素。精品咖啡 (Specialty coffee) 的熱潮在馬德里雖啟蒙得晚，近年來也日漸萌芽，不過一般爺爺奶奶大伯大嬸們仍愛到老派的咖啡館，喝杯一點也不精緻、喝不到卻會思念的「西班牙咖啡」。以下是咖啡館和酒吧裡常見的幾種咖啡：

● Café con leche：濃縮咖啡加牛奶，像沒有奶泡的義式 Latte，西班牙咖啡的經典。侍者通常會先端上半杯濃縮咖啡，問你牛奶要冷的、熱的或溫的，再倒入杯中。

● Café cortado：濃縮咖啡加一小口牛奶，是吃過飯肚子還飽時的首選。

● Café solo：濃縮咖啡，與義式 Espresso 同理，不過沒有義大利那麼好喝。

● Café Americano：美式咖啡，舉世皆然，濃縮咖啡加水。

● Café bombón：濃縮咖啡加煉乳，口味像越南咖啡。

● Carajillo：濃縮咖啡加烈酒，通常是加白蘭地。

● Café descafeinado：無咖啡因咖啡。

● Café con hielo：咖啡加冰塊。西班牙人不做冰咖啡，侍者會給你一杯冰塊，你自己將熱咖啡倒進冰塊杯裡。由於杯子都很小，很容易手殘將咖啡倒滿桌或滿手。

[巧克力牛奶]

　　西班牙人從小喝到大的飲料，巧克力粉是主力戰場，西班牙本土的 ColaCao 和雀巢集團的 Nesquik 各有擁護者。在咖啡館點 ColaCao，侍者會送上一杯熱牛奶和一包巧克力粉讓你自己沖泡。我則很愛喝來自巴塞隆納的瓶裝巧克力奶昔 Cacaolat，馬德里某些超市也買得到。

［啤酒與變化款］

西班牙人愛喝啤酒，夏天更是不喝不可！各大區有其代表廠牌，馬德里最受歡迎的在地品牌是 Mahou，歷史悠久已破百年，到處都有它的身影。如果要享受啤酒，除了買超市的罐裝啤酒外，酒吧裡還有多種選擇。但西班牙地大物博，各大區對事物度量的稱呼自有差異，以下是馬德里的說法：

● 生啤酒：小杯 20cl 的 Caña 最經典，尺寸就如同台灣熱炒店的小玻璃杯，站在吧台邊一杯接一杯，是喝生啤酒的王道；大杯是 Doble，兩倍大的意思；有些老酒館甚至還有超大陶瓷杯 Barro。「拉生啤酒」在西班牙是一門深受敬重的「藝術」，也是評鑑酒館優劣的指標，一杯拉得好的生啤酒，可以拯救一名失志的西班牙人！

● 瓶裝啤酒：25cl 的 Botellín 和 33cl 的 Tercio 兩種容量最常見，在酒吧也點得到。

● 啤酒套汽水 (Clara)：不喜歡啤酒的苦味，但又想小酌解渴？ Clara 就是你的解套！分為兩種：一種是 Clara de gaseosa，啤酒套上百搭的微甜碳酸汽水 (Gaseosa)。由於生產這種汽水的品牌 La Casera 太紅了，大家也會直接叫品牌名稱 Clara de casera。另一種則是套上檸檬汽水的 Clara de limón，夏季完全解暑涼伴。

1

2

3

4

5

6

1.Mahou 啤酒廠出產的白色陶瓷杯 Barro ／ 2. 小杯 Caña 最能喝出酒保拉生啤酒的功力，是內行人的最愛 ／ 3. 左邊是小杯 Caña，右邊是大杯 Doble ／ 4. 小酒館牆上列出三種尺寸生啤酒 Caña、Doble、Barro 的價格 ／ 5.百年餐館的老侍者和古董級 Mahou 啤酒龍頭示範拉生啤酒的藝術 ／ 6. 談笑風生卻又嚴肅地拉好一杯生啤酒，是厲害酒保的必備條件

● **無酒精啤酒**：西班牙很體諒不能攝取酒精的病人及孕婦，各大廠牌都有推出無酒精啤酒，分為兩種：Sin alcohol 的酒精量不超過 1%，0,0(西班牙標示法，意即 0%) 幾乎完全不含酒精。

● **精釀啤酒 (Cerveza artesana)**：全世界都在夯，馬德里的精釀啤酒吧也到處開。來自馬德里的在地精釀啤酒品牌如 La Virgen、La Cibeles，在不少超市都買得到，在新潮酒吧和餐館也喝得到。

［葡萄酒與變化款］

西班牙是世界第三大葡萄酒產區！國土幅員遼闊，風土差異表現在各地區生產的葡萄酒風味裡，其世界之廣闊深邃精妙，不由我班門弄斧，在此僅提供在馬德里點葡萄酒的基本常識。

在馬德里的酒吧點紅酒 (Vino tinto)，侍者通常會先詢問你 Rioja o Ribera？「要里奧哈法定產區 (D.O.Ca Rioja) 還是斗羅河岸法定產區 (D.O. Ribera del Duero)？」這兩者正是西班牙最知名也最具代表性的紅酒產區。到高檔餐廳的話，選擇當然就沒這麼局限。如果去傳統老酒館，則可點杯用迷你玻璃杯裝的餐酒等級日常紅酒 Chato，小小一杯是經典，搭配下酒菜恰恰好！

至於白酒 (Vino blanco)，馬德里的酒吧通常會問 Verdejo o Albariño？「要喝盧埃達法定產區 (D.O. Rueda) 的 Verdejo 葡萄品種，或來自西北部加利西亞大區的 Albariño 葡萄品種？」想來點慶祝感，那就點杯西班牙氣泡酒 Cava。

不勝酒力的人，不妨來杯葡萄果汁 (Mosto)，或嘗試葡萄酒的各種變化型：

● **桑格利亞水果酒 (Sangría)**：西班牙最知名的水果調酒，通常以紅酒、水果、碳酸汽水、肉桂調製而成。老實說，其實當地人不常喝，在馬德里會點來喝的都是觀光客，要

1. 小杯生啤酒 Caña 和小杯紅酒 Chato，雙重經典／ 2. 香艾酒是週末午餐前最受歡迎的開胃酒／ 3. 雪莉酒使用特殊的鬱金香形小酒杯進行品嘗／ 4.Las Cuevas de Sésamo 的桑格利亞水果酒有成年人的味道／ 5. 炎炎夏日來杯夏日紅酒最對味

4 **5**

喝在地人版本，必去文人區的老牌地窖酒吧 Las Cuevas de Sésamo。

● **夏日紅酒 (Tinto de verano)**：西班牙人夏天最愛的清涼飲品之一，其實就是便宜紅酒套碳酸汽水或檸檬汽水。午間套餐最受歡迎的的酒水選項正是紅酒加 La Casera 碳酸汽水，餐廳會送上一瓶或一壺紅酒、一瓶汽水，讓你自己套。

● **香艾酒 (Vermú，亦作 Vermut)**：英文的 Vermouth，是一種「加烈酒」（又稱加強葡萄酒），由葡萄酒加入額外酒精和以「苦艾」為主的草本植物乾料泡製而成。從前中文多譯為苦艾酒，但易與酒精濃度極高的「苦艾酒」(Absinthe) 混淆，因此現在多稱為香艾酒，更符合此酒香氣濃郁的特色。是西班牙傳統的開胃酒，以加泰隆尼亞雷烏斯 (Reus) 小城生產的最知名。馬

德里人週末午餐前很愛約喝一杯，最知名的在地品牌是 Zarro。酒吧會在杯中加入冰塊、柳橙角或橄欖，有時會給壺氣泡水 (Sifón)，讓你自己調淡喝。

● **紅酒套可樂 (Calimocho，巴斯克文為 Kalimotxo)**：什麼酒都能套可樂的西班牙人，連紅酒也不放過！這種喝法來自巴斯克大區，是剛開始 Salir(意即出門派對) 的年輕人會喝的社交啟蒙酒。

● **雪莉酒 (Jerez)**：世界上最知名的加烈酒之一，來自安達魯西亞大區的赫雷斯 (Jerez)，受法定產區 D.O. Jerez-Xérès-Sherry 保護，釀製過程使用獨特的「索雷拉陳釀系統」(Sistema de criaderas y soleras)，是西班牙歷史文化瑰寶，深邃繁複，英國大文豪莎士比亞稱為「裝在瓶子裡的西班牙陽光」！

［其他酒類］

● **琴通寧 (Gin Tonic)**：西班牙國民調酒！創始者英國人叫它 Gin and Tonic，西班牙人省略了中間的 and，只叫 Gin Tonic。英式正統版本裝在長杯裡，西班牙人偏愛用圓圓胖胖的大金魚杯 (Copa de balón)！剛開始被認為是對經典調酒的大不敬，但西班牙人堅持自己風格成了精，除了掀起全國琴酒酒吧熱潮，本土琴酒品牌和通寧水蓬勃發展外，西班牙版本近年來甚至反攻世界各大都會，成為一種新的調酒風潮！

● **蘋果西打酒 (Sidra)**：英文是 Cider，蘋果西打來著，產於阿斯圖里亞斯大區 (Asturias)，法定產區 D.O.P. Sidra de Asturias 保護的蘋果發酵酒。西班牙的天然蘋果酒酸香獨特，在阿斯圖里亞斯風味酒館喝得到。倒這種酒的技巧叫做 Escanciar un culín：一手拉舉酒瓶過頭，一手放低拿杯子，傾斜酒瓶讓酒不偏不倚倒進杯裡，華麗程度和困難指數都很高。這麼倒出來的酒會發泡，帶出蘋果香氣，一次倒一小杯，要馬上一口喝光喔！

1. 西班牙版 Gin Tonic 一定要用金魚杯才算數／2.Casa Parrondo 小酒館的阿伯店長帥氣示範倒蘋果西打酒的技巧

● **餐後酒 (Chupitos)**：英文的 Shots 來也，除了派對喝的烈酒外，助消化的餐後酒也是這麼稱呼。馬德里傳統餐廳會在餐後「撒密素」免費送上，通常可以選：以釀造葡萄酒剩餘的果渣蒸餾成的白蘭地 Orujo、Orujo 做成的奶酒 Crema de orujo、Orujo 加入了香草植物製成的 Orujo de hierbas、口味類似梅酒的刺李酒 Pacharán。

馬德里飲食主題巡禮路線

聖米格爾市場，
是馬德里美食市場的先驅和龍頭。

路線 1 網羅美食市場 & 食尚空間

馬德里近年來美食市場和食尚空間當紅，在各個小區遍地開花。在這些市場和空間吃喝，就好比逛夜市，各家自有特色風情值得體驗，可一次網羅各地美食和多種小吃，精采豐富到吃不完，而且還能從早吃到晚，是餐廳開門前果腹的好選擇！

[傳統菜市場轉型成的「美食市場」有 3 種]

第一種：美食市場是由傳統菜市場改造而成，走「純美食」路線。經營重心在於各式各樣琳琅滿目、陳列精美的熱炒、冷盤、Tapas 攤位，集西班牙小吃於大成。奧地利區大名鼎鼎的**聖米格爾市場 (Mercado de San Miguel)** 和雀卡區的**聖安東市場 (Mercado de San Antón)** 即屬此類。

第二種：美食市場仍保持傳統菜市場的營運，走「混合型」路線。由於市場在現代生活型態轉變與連鎖超市的打擊下日漸凋零，為吸引人潮回流，轉型開放餐館酒吧進駐，漸漸演化而成。

幾乎每個小區都有一間這樣的社區型美食市場，在地吃貨特愛去薩拉曼卡區的**和平市場 (Mercado de la Paz)** 和錢貝里區的**美麗山谷市場 (Mercado de Vallehermoso)**。有些老社區市場更猛，週末特定時段會搞得像里民大會一般熱鬧，各家攤位使出渾身解數賣下酒菜。箇中翹楚是拉丁區裡有海鮮大排檔的**大麥市場 (Mercado de la Cebada)**、伯爵公爵區裡主打拉丁美洲小吃的**莫斯騰瑟斯市場 (Mercado de los Mostenses)**、拉瓦皮耶斯區週末會變身派對場的**聖費南多市場 (Mercado de San Fernando)**。

第三種：同樣仍為傳統菜市場，但是轉型得更加徹底，直接在市場內開闢一處獨立的餐飲空間，走「美食廣場」

1. 美麗山谷市場是強貝里區的美食重鎮，市場內的傳統攤位「雞肉大王」總是大排長龍／2. 生氣勃勃的莫斯騰瑟斯市場是拉丁美洲和中國移民聚集地，拉丁美洲小吃店熱鬧滾滾／3. 週末總是人潮洶湧的聖費南多市場／4. 安東馬丁市場的地下室幾乎就是美食街／5. 強貝里市場的美食廣場設計新穎／6. 聖伊爾德豐索市場名為市場，其實是流行感十足的食尚空間／7. 英國裁縫百貨公司的老饕體驗美食特區裡餐飲選擇多多，也可外帶

路線。代表市場有拉瓦皮耶斯區的**安東馬丁市場 (Mercado de Antón Martín)** 和強貝里區的**強貝里市場 (Mercado de Chamberí)**。

［結合飲食風潮形成的「食尚空間」有多種］

馬德里近年來頭角崢嶸的食尚空間，是 Tapas 小吃展現多元與創意的新場域，並結合街頭小吃 (Street food) 風潮。不論是馬拉薩娘區走國際小吃路線的聖伊爾德豐索小吃市場 (Mercado de San Ildefonso)，或是英國裁縫百貨公司的老饕體驗美食特區 Gourmet Experience，都將馬德里飲食的多樣與活力表現得淋漓盡致。至於薩拉曼卡區由劇院改建的 Platea Madrid 曾為熱門的美食中心，疫情後小吃攤撤了，只剩小酒可喝。

———— **馬德里最大的傳統菜市場** ————

馬德里的傳統菜市場並不限於以上，但若無餐酒館聚集經濟，且不列入「美食市場」行列。如果你是傳統菜市場愛好者，想探探當地新鮮食材、見見在地人張羅採買，別錯過馬德里最大、擁有 200 家攤位的奇蹟市場 (Mercado de Maravillas)！

⊙ Calle de Bravo Murillo, 122

浪漫主義美術館的花園咖啡廳，
是個幽靜的世外桃源。

路線 2 人文咖啡館朝拜

雖然馬德里的咖啡館文化沒有巴黎和維也納知名，但歷史上也有幾間文人雅士聚集清談、知識分子評論時事、騷人墨客交流文學、畫家影人分享藝術，把咖啡館當作文藝沙龍來用的文人咖啡館，也就是西班牙版的「文藝沙龍」(Tertulias)。

這些文人咖啡館經過時代變遷，仍為馬德里人煮著咖啡。藝術大道上的**希洪咖啡館 Café Gijón** 和馬拉薩娘區死而復生的**商業咖啡館 Café Comercial**，都擁有百年歷史，是靈魂可呼吸文藝氣息的老所在。不少老派咖啡館 (Café) 越夜越美麗。馬拉薩娘區的「復古咖啡館金三角」**Café Manuela**、**Café de Ruiz**、**Café Ajenjo**，是夜貓子的最愛。

我還熱愛收集美術館和博物館裡的咖啡廳，太陽門 - 格蘭大道區圓環藝術中心的**水族箱咖啡廳 La Pecera** 很經典，雀卡區的浪漫主義美術館有個浪漫的**花園咖啡廳 Café del Jardín**，影癡必造訪**八又二分之一電影書店 Ocho y Medio Libros de Cine** 裡的咖啡廳。

小酒館 *Casa Camacho* 的老板
看似嚴肅，其實親和俐落。

路線 3 香艾酒金三角巡禮

這幾年復古當道，從前週末午餐前，家人朋友相約喝杯香艾酒開胃、閒話家常的風氣又流行了起來，西班牙文叫做 Tomar un vermú。而馬德里人最愛喝從吧台的酒龍頭現拉出來的 Vermú de grifo，老酒館各自有其獨門泡製配方。

馬德里的香艾酒酒館中，擁護者最多的是我的心頭好—位在馬拉薩娘區的小酒館 **Casa Camacho**、百年小酒館 **Bodega de La Ardosa**、雀卡區的百年小酒館 **Taberna Ángel Sierra**。這 3 家距離相近，步行可達，被我稱為「香艾酒金三角」，歡迎愛好者走上巡禮路！但一晚泡 3 家，恐怕會喝不消，請斟酌酒力服用。

1. 百年小酒館 Bodega de La Ardosa 最經典的紅色木門與人潮／2. 百年小酒館 Taberna Ángel Sierra 的香艾酒，配點橄欖等醃漬品好開胃

3 大傳奇酒吧中，
Bar Cock 是我的心頭好。

路線 4 經典調酒不敗

Del Diego 的吧台，很適合下班後來喝杯調酒

除了國民調酒金魚杯 Gin Tonic 外，如果你是把喝調酒當作一種生活態度的調酒掛，雖然馬德里相較於巴塞隆納和其他大城市，可說是座調酒沙漠，但 (為數不多的) 調酒酒吧也可集好集滿！

雀卡區有 3 大傳奇酒吧 Museo Chicote、Bar Cock、Del Diego，每一間都值得朝聖，馬拉薩娘區有電影人愛去的 Josealfredo，都是氣氛熱鬧自在、充滿馬德里風味的調酒酒吧，可喝到各種經典調酒。

必插旗的名店是文人區裡由阿根廷調酒師 Diego Cabrera 主理，名列 2022 年 The World's 50 Best Bars 第 15 名的 Salmon Guru—這也是馬德里唯一多年連續上榜的酒吧，可說是調酒沙漠裡的唯一救贖，的確值得造訪！

路線 5 天台酒吧正夯

1. 英國裁縫百貨 Callao 館頂樓有 180 度好 View ／ 2. 從 RIU 飯店頂樓的玻璃露台俯瞰西班牙廣場全景 ／ 3. 從圓環藝術中心的天台觀賞大都會大廈，遠方高塔是電信大廈

不論英文叫做 Rooftop Bar 或 Sky Bar，在亞洲紅很久的天台酒吧，在馬德里近年也風生水起，變成潮流人士熱愛的打卡地點！老字號如圓環藝術中心的**圓環天台 Azotea del Círculo** 酒吧氣氛很 Chill，樓下總有排隊人潮；位在卡亞俄廣場 (Plaza del Callao) 的英國裁縫百貨公司 (El Corte Inglés) 頂樓的**老饕體驗美食特區 Gourmet Experience**，有吃有喝也有可以俯瞰格蘭大道、遠眺王宮的無敵美景陽台。

各家新興設計旅店更將天台酒吧變成一種「必備」，只要 Google 搜尋 Best Rooftop Bars in Madrid，就會出現一堆推薦清單，幾乎都坐落在旅館頂樓。景觀最震撼的無庸置疑是位在西班牙大廈 **RIU 飯店頂樓的 360 度天台酒吧**，除了可俯瞰西班牙廣場、王宮、格蘭大道等馬德里完整全景，還有透明玻璃走廊供人試膽、透明露台供人拍照！

馬德里

條主題散步路線

　　雖然本書規畫以各個特色小區來分章節深度介紹，但在帶領大家進入各小區探索之前，我想先總結馬德里的 10 條旅遊主題精華路線，讓你一覽無遺馬德里的可玩性、可看性，以滿足各類型旅人、遊客、觀光客的不同需求和期望。

　　如果你對於安排行程感到難以下手，不妨先從這章挑出有興趣的路線，再對照下一章吸引你的小區和景點，以地圖作為輔佐，縱橫交錯抓出最適合你的馬德里旅行座標軸，如此便能規畫出行程梗概。

　　不過事先做好旅行計畫固然重要，但在馬德里最盡興的方式，還是保持彈性和開放的心，搞不好你會因此發現隱藏版的驚喜風景。

麗池公園裡優美的麗池湖

經典不敗——

景點參訪 打卡去

馬德里市中心的重要景點，在下個章節的各分區裡都會介紹到。至於有些景點，或位在市中心外，或不符合我個人的價值觀 (譬如鬥牛)，雖不另增添篇幅，且列出在此給你參考：

拉斯班塔斯鬥牛場
Plaza de Toros de Las Ventas

1931 年開幕的鬥牛場直徑約 65 米，是西班牙第一大、世界第三大鬥牛場！我不支持鬥牛，也提醒你：鬥牛會鬥到牛至死方休，非常血腥殘忍。有興趣可參觀鬥牛場建築和博物館，也有導覽可參加，想看表演的話請三思而行！

🎫 las-ventas.com ／ 📍 Calle de Alcalá 237 ／ 🚇 地鐵站 Ventas (2、5號線)

1. 新摩爾式的鬥牛場建築值得欣賞 ／ 2. 聖地亞哥·伯納烏足球場氣派十足，皇馬球迷必來朝聖 ／ 3. 歐洲門雙塔傾斜抵抗地心引力

聖地亞哥·伯納烏足球場
Estadio Santiago Bernabéu

皇家馬德里 (Real Madrid) 足球隊的主球場。如果你是球迷，除了買票看球賽，也可參加主場導覽 (Tour Bernabéu)，逛皇馬博物館、參觀球場全景觀景台和球員更衣室，當然還要到紀念品店血拼。

🎫 realmadrid.com/tour-bernabeu ／ 📍 Avenida de Concha Espina, 1 ／ 🚇 地鐵站 Santiago Bernabéu (10號線)

卡斯提亞廣場與歐洲門雙塔
Plaza de Castilla y Puerta de Europa

在卡斯提亞廣場上，有 2 幢傾斜 14.3 度角且彼此對稱的雙子辦公大樓，當地人稱其為 KIO 塔 (Torres KIO)，是世界上第一座傾斜的摩天大樓，也稱為歐洲門。

📍 Plaza de Castilla, s/n／🚇地鐵站Chamartín (1、10號線)、Plaza de Castilla(1、9、10號線)

大都會足球場
Estadio Cívitas Metropolitano

馬德里競技 (Atlético Madrid) 足球隊的主球場，2017年才啟用，設備非常新穎。同樣有導覽和博物館可參觀。

🌐 atleticodemadrid.com/atm/territorioatleti／📍Avenida de Luis Aragonés, s/n／🚇地鐵站Estadio Metropolitano (7號線)

四大樓商業區
Cuatro Torres Business Area

由馬德里最高的 4 幢摩天大樓組成的企業園區，包括建築大師諾曼·福斯特 (Norman Foster) 設計的西班牙國家石油大廈 (Torre Cepsa)、水晶大廈 (Torre de Cristal)、普華永道大廈 (Torre PwC)、已改名為帝王大廈 (Torre Emperador Castellana) 的太空大廈 (Torre Espacio)。2021 年，卡萊多大廈 (Torre Caleido) 完工，成為園區第五座高塔 (Quinta Torre)。

📍Paseo de la Castellana, 259／🚇地鐵站Begoña (10號線)

蠟像館
Museo de Cera

雖然蠟像館不是我的菜，但裡頭有許多西班牙歷史人物可憑弔，C羅和蠻牛的粉絲也可來此與蠟像版偶像合照喔！

🌐museoceramadrid.com／📍Paseo de Recoletos, 41／🚇地鐵站Colón (4號線)

綠意盎然——

公園踏青 野餐趣

馬德里是個很綠的城市，幾乎每條街道都種有行道樹；公園綠地的比例很高，非常適合旅人散步；想要更融入當地生活情調，不妨學馬德里人隨性坐在草地上曬太陽、野餐、閱讀、聊天、放空。

尋找綠意的最佳選擇當然是遊客最愛的**麗池公園 (Parque de El Retiro)**，雖然名氣沒有紐約中央公園、倫敦海德公園大，不過裡頭景致優美，可看的地標可不少。王宮後方的**摩爾人營地花園 (Campo del Moro)** 是婚紗照熱門地點，還有野生孔雀趴趴走。位在蒙克洛亞燈塔觀景台 (Faro de la Moncloa) 旁的**西方公園 (Parque del Oeste)** 風光如詩如畫，是我週末遛狗的祕密基地，裡頭有座**玫瑰花園 (Rosaleda)** 占地 3 萬 2 千平方公尺，種植超過 2 萬朵玫瑰花，愛花人士不可錯過！

　　如果這樣還不能滿足你對綠意的嚮往，那你可去沿著曼薩納雷斯河 (Río Manzanares) 整建的狹長綠地和巨型休閒空間**馬德里河 (Madrid Río)** 散步、跑步、騎單車；或是搭乘空中纜車 (Teleférico de Madrid) 到馬德里最大的城市公園**田園之家 (Casa de Campo)** 踏青，此園面積大於 1,500 公頃，根本可媲美森林。曾為皇家狩獵場，裡頭有遊樂場、動物園、游泳池等各種遊憩設施，還有美麗的人工湖泊。從前公園深處因為有流鶯與怪叔叔出沒而惡名昭彰，今日雖已洗刷惡名，但還是別獨自走到偏僻處。

1. 馬德里河的休閒空間幅員遼闊／2. 西方公園風景優美且遊客稀少，我都來此遛狗／3.18 世紀建成的托雷多古橋 (Puente de Toledo) 橫跨馬德里河／4. 馬德里河著名地標：阿爾甘蘇埃拉紀念橋 (Puente de Arganzuela)／5. 麗池公園是馬德里人的後花園，一年四季遊人如織／6. 田園之家的湖畔是馬德里人踏青放空的祕密景點／7. 田園之家的人工湖泊旁，滿滿一排餐館酒吧露天座

天高地闊——

登高望遠 賞夕照

關於馬德里，有句名言是這麼說的：從馬德里到天堂 (De Madrid al Cielo)！這本是西班牙帝國黃金時期，劇作家為歌頌首都而寫下的句子，現在則被馬德里人拿來讚揚其天光之美好、夕照之壯麗。

　　如果你喜歡登高望遠，除了正夯的天台酒吧必插旗外，馬德里還有許多觀景台可滿足你的喜好，譬如蒙克洛亞燈塔觀景台 (Faro de Moncloa) 可一覽遠方的瓜達拉馬山脈、西貝萊斯宮高塔上的馬德里觀景台 (Mirador Madrid) 可俯瞰馬德里的 360 度美景。各觀景台因其所在位置不同，景觀自然各異！

　　想證實馬德里夕陽真正美，可在黃昏前夕至王宮周遭漫步，穿越塞哥維亞水道橋 (Viaducto de Segovia) 後一路轉至**觀景花園 (Jardín de las Vistillas)** 看夕陽餘暉，或者散步到馬德里人心目中排名第一的落日景點——**埃及德波神廟 (Templo de Debod)**，和男女老少一起觀賞夕陽西下。當太陽消失在山頭時，全場西班牙人還會為太陽的精采表演「熱烈鼓掌」，以表示感謝！

　　願意跑遠一點，不妨搭捷運到馬德里人俗稱為 **7 顆乳房的公園 (Parque**

Cerro del Tío Pío），爬上山丘一望千里，視野最佳，保證你會被大片強烈繽紛的紅橙藍紫天光變幻撞擊感官，身心靈在絢爛的馬德里黃昏光景中獲得洗滌！

1. 從 RIU 飯店頂樓 360 度天台酒吧俯瞰王宮夜景／2.馬德里王宮景觀在黃昏時分最是浪漫／3,4.阿穆德納聖母主教座堂旁邊的小丘，也是賞夕陽的祕境／5.田園之家的湖畔可遠望馬德里塔和西班牙大廈／6.馬德里天際線沒有高樓大廈，但一片紅瓦亦賞心悅目

知識巡禮——
藝術科學 兩相宜

假如你喜愛西洋藝術，馬德里的「藝術金三角」三大世界頂級美術館，應當名列此生必朝拜的藝術殿堂！首站當然就是世界三大美術館之一，以收藏西班牙與歐洲偉大藝術家曠世傑作而名震天下的**普拉多美術館 (Museo del Prado)**；喜歡 20 世紀現代藝術，必造訪**蘇菲亞王后美術館 (Museo Reina Sofía)**，親炙西班牙現代藝術三傑；最後以橫跨古典至當代的**提森 - 博內米薩美術館 (Museo Thyssen-Bornemisza)**，總結這條藝術巡禮路。

行有餘力或二刷馬德里，還可以參觀收藏眾多大師作品的**皇家聖費南多美術學校 (Real Academia de Bellas Artes de San Fernando)**，或是以下 5 家各具特色的歷史宅院美術館：

● **賽拉爾博侯爵宮殿美術館 (Museo Cerralbo)**：位在公主區的宮殿宅邸，金碧輝煌，共藏有 5 萬件藝術珍品。

● **拉紮羅加迪亞諾藏家美術館 (Museo Lázaro Galdiano)**：位在薩拉曼卡區的典雅宅院，以近 5000 件作品帶你認識西班牙藝術演進史。

Naval)、自然科學博物館 (Museo Nacional de Ciencias Naturales)、國立考古博物館 (Museo Arqueológico Nacional)、人類學博物館 (Museo Nacional de Antropología)、地礦博物館 (Museo Geominero) 乃至鐵道博物館 (Museo del Ferrocarril de Madrid) 等，再冷的知識都有一座寶庫供你挖掘！

─────── 5 家宅院美術館聯票 ───────
上述這 5 家宅院美術館有推出「5 家美術館，另一種馬德里」(Cinco Museos Otro Madrid) 優惠聯票，在 10 天內看完 5 家美術館只需 12 歐元，任一家美術館的售票櫃台都有販售。

● 裝飾藝術博物館 (Museo Nacional de Artes Decorativas)：位在藝術大道，手工藝愛好者不可錯過。

● 浪漫主義美術館 (Museo del Romanticismo)：靜靜藏身在熱鬧的雀卡區，邀你體驗 19 世紀浪漫主義時代的生活美學與風情。

● 索羅亞故居美術館 (Museo Sorolla)：西班牙印象派畫家索羅亞的故居和畫室，收藏豐富，還有一座優美雅致的庭院，位在靜謐的錢貝里區。

如果你鍾情服裝設計，可逛服飾博物館 (Museo del Traje)；想認識馬德里的歷史，馬德里歷史博物館 (Museo de Historia de Madrid) 歡迎你；如果你走宅宅科普路線，馬德里還有海軍博物館 (Museo

1,3. 拉紮羅加迪亞諾藏家美術館位在最高貴典雅的薩拉曼卡區／2. 鐵道迷必訪本為廢棄火車站的鐵道博物館

3

1. 隱身在雀卡區小巷裡的馬德里建築學院，常舉辦藝文展覽／2. 屠宰場當代創意中心廣場大、活動多，市民最愛來

藝文氣質——
文創園區 趴趴走

喜歡到文創園區和藝文特區走跳的文青朋友們，馬德里也不會讓你發慌，多得是各位的好去處！

官方藝文中心——老地方新生命

　　河畔舊屠宰場改建的**屠宰場當代創意中心 (Matadero Madrid)**，藝文活動不停歇；伯爵公爵區的軍事基地修復的**伯爵公爵當代文化中心 (Conde Duque)**，是文青出沒熱點；拉瓦皮耶斯區自菸草工廠蛻變的**菸草公司藝術展覽場 (Tabacalera)**，時有前衛藝術展出；西貝萊斯宮裡的 **CentroCentro 當代藝文中心**，老少皆宜。

　　這些藝文基地的趣味之處，皆在於將老建物賦予新生命！尤其前兩處腹地廣大，時常舉辦大型戶外活動，讓市民零距離接觸藝文。

私人藝文中心——多如繁星

　　太陽門 - 格蘭大道區的圓環藝術中心 (Círculo de Bellas Artes) 名氣最大，拉瓦皮耶斯區的發光之屋 (La Casa Encendida) 常舉辦藝文活動，雀卡區的馬德里建築學院 (COAM) 空間一流。

　　企業基金會的藝文空間也不少：藝術大道上凱克薩銀行 (CaixaBank) 的 CaixaForum 藝文中心有片垂直花園、曼弗雷保險公司基金會的 Fundación Mapfre 常舉辦攝影展覽，格蘭大道上的西班牙電信公司 Espacio Fundación Telefónica 展覽空間也活動不斷。

嬉皮古玩——
跳蚤市集 來尋寶

如果你對露天市集情有獨鍾，馬德里形形色色的市集每週末輪番上陣，精采絕倫！全城也是全國最大的露天跳蚤市場 El Rastro 每週日上午開張，什麼都賣，喜歡古玩、古物、古著的人，來這尋寶準沒錯！

提供新銳設計師與品牌創業者舞台，面對面接觸消費者的**設計市集 (Mercado de Diseño)**，不定期在 AZCA 商業廣場舉行；由數十個馬德里自治區小農攤位組成的**農夫市集 (Mercado de Productores)**，週日會在馬德里市中心外的社區銷售新鮮蔬果和手工製作的起司、橄欖油、蜂蜜、麵包、葡萄酒等在地尚青的食物。

鐵道市集 (Mercado de Motores) 每月第二個週末在**馬德里鐵道博物館**舉辦，眾多攤位在舊火車站裡銷售手作商品和設計小物，別有趣味；戶外空間則有復古物件、音樂演出、街頭餐車，熱鬧滾滾。

1. 來鐵道博物館逛鐵道市集，還可欣賞迷人的老火車／2,3,4. 鐵道市集也有酷炫的二手復古物品，值得來挖寶

1

07

主題路線

歌舞昇平——派對祭典 辦不停

馬德里除了有熱鬧無比的傳統宗教節慶外，各種街頭派對、音樂祭、藝術節更是五花八門，整個夏天都歌舞昇平！

6 月底～ 7 月初
馬德里 LGBTQ+ 驕傲週 (Madrid Orgullo，簡稱 MADO)

馬德里驕傲週舉辦至今超過 40 週年，是年度最轟轟烈烈的派對！主場在同志社區雀卡區，各種娛樂和文化活動熱鬧滾滾，整座城市變身一場熱鬧的超級嘉年華！慶典以重頭戲「驕傲大遊行」進入高潮，許多家庭都會攜老扶幼來湊熱鬧。2020 和 2021 年受 COVID-19 疫情影響，縮小規模舉行；2022 年重返榮耀，號召超過 60 萬人回到街頭。

註：LGBTQ+ 是多元性別光譜上的性少數族群的集合名詞，包括女同志 (Lesbian)、男同志 (Gay)、雙性戀 (Bisexual)、跨性別 (Transgender)、酷兒 (Queer) 或對其性別認同感到疑惑的人 (Questioning)，+ 則含括更多元的性少數族群，例如無性戀、泛性戀等。

7 ～ 8 月
夏日城市空間藝術節 (Veranos de la Villa)

夏日限定的戶外都會藝術節，不論範圍、規模、類型都盛況空前！場域遍

1.驕傲週期間的雀卡區，彩虹飛舞，人山人海／2.2022 年的驕傲大遊行隊伍頭陣／3.驕傲大遊行的重頭戲：各大組織團體的驕傲花車出巡／4.西貝萊斯廣場與噴泉打上彩虹燈光以呼應驕傲大遊行／5.在驕傲派對上和裝扮皇后合照是一種必要

及馬德里市 21 個行政區的公園、花園、廣場、室外劇場等 35 個場地，把整個城市都變成表演空間！類型也包羅萬象，包括音樂、戲劇、舞蹈、佛朗明哥、查瑞拉歌劇 (Zarzuela)、電影、馬戲、魔術等，由超過 700 個本土與國際的藝術家帶來超過 100 場演出，喜歡表演藝術的人必來躬逢其盛。

音樂祭

馬德里大大小小的音樂祭不少，在此介紹 3 個最受歡迎的：6 月有植物園仲夏音樂夜 (Noches del Botánico)，7 月有陣容豪華到令全球樂迷咋舌的瘋狂酷音樂祭 (Mad Cool Festival)，爵士樂迷則不可錯過 10 月的爵士音樂節 (JAZZMADRID)。

舞蹈節

5 ～ 6 月在費爾南·戈梅茲文化中心 (Fernán Gómez Centro Cultural de la Villa) 會舉辦佛朗明哥總匯舞蹈節 (Flamenco Madrid)，10 ～ 11 月在水道劇場 (Teatros del Canal) 會舉行佛朗明哥高峰舞蹈節 (Suma Flamenca)。節目精采絕倫、大師盡出，讓人陷入選擇困難。好在票價都很佛心，是佛朗明哥舞迷的一大福音。

越夜越美——五光十色夜生活

除了戶外活動精采，馬德里有很多室內場域可以走跳，不論你是樂迷、舞棍或派對動物，都能找到讓你如魚得水的空間！

音樂劇

格蘭大道是西班牙的百老匯，有不少音樂劇在此上演。最知名的是演出長達 10 年的《獅子王》，不過是以西班牙文演出喔！

Live House 音樂展演空間

太陽門廣場附近的老牌音樂酒吧 Café Berlín 演出團體類型多元，文人區的 Café Central 是爵士樂指標咖啡酒館，格蘭大道旁的 Sala El Sol 和馬拉薩娘區的老字號 La Vía Lactea 都是 80 年代馬德里新浪潮運動的發源地。

Clubbing 電音舞場

最值得朝聖的是劇院改建的 7 層樓巨大舞場 Kapital，雀卡區原是老影院的 Teatro Barceló 也很熱門，其他知名舞場還有 Fabrik、Shoko、Opium 等。近年來流行 Speakeasy 隱藏式祕密舞場，譬如外表是傳統絲襪店的 Medias Puri，以及隱身在美甲店後方的 Uñas Chung Lee。

佛朗明哥小酒館 (Tablao)

雖然馬德里不是佛朗明哥藝術的發源地，但也有幾家聞名遐邇的佛朗明哥小酒館，可觀賞水準一流的表演。殿堂級的 Corral de la Morería 曾招待過明星政要，其餐廳有 1 顆米其林星星；Cardamomo 表演場次眾多；瓷磚牆面精美絕倫的 Villa Rosa 因疫情熄燈後又重新開幕，已改名為 Tablao Flamenco 1911。

1.《獅子王》音樂劇仍然深受大人小孩熱愛 / 2. 爵士樂迷的集散地 Café Central / 3.Villa Rosa 外牆的瓷磚繪畫美到超吸睛

血拼購物──
買好買滿 伴手禮

想要血拼買紀念品，馬德里可以逛街的地帶可多了，端看你的需求和喜好！格蘭大道上有各家快速時尚品牌的旗艦店，包括 ZARA、H&M、以及愛爾蘭超平價服飾品牌 Primark 大到誇張的 5 層樓旗艦店。

喜歡個性國際品牌，請走進分隔馬拉薩娘區和雀卡區的超好逛「商店一條街」Calle de Fuencarral 街。二手古著控請至馬拉薩娘區尋寶，雀卡區則有逛不完的鞋店。

想買高檔精品，被我稱為貴婦區的薩拉曼卡區是精品旗艦店的大本營，我在該小區的簡介有大略提供你血拼路線。

位在卡斯提亞大道 (Paseo de la Castellana) 旁的英國裁縫百貨公司 (El Corte Inglés) 精品品牌最齊全，且購物退稅都還有中文服務人員協助；想買高檔食品當作伴手禮，裡頭的老饕體驗美食特區 Gourmet Experience 應有盡有，一網打盡最是方便！

位在城外的精品 Outlet 拉斯羅薩斯購物村 (Las Rozas Village)，高雅寬敞且品牌眾多，最受亞洲遊客歡迎。雖然位在城外，但是交通非常方便，可以從公主區的蒙克洛亞公車轉運站 (Intercambiador de Moncloa) 搭乘 625、628、629 公車前往，半小時即可抵達。

1,2.Calle de Fuencarral 街的逛街人潮／3. 英國裁縫百貨公司的老饕體驗美食特區有賣各色高檔食材

世界遺產──

近郊城市 小旅行

馬德里有不少鄰近城鎮，因其歷史、建築、景觀在人類文明發展上體現的意義、價值與重要性，被聯合國教科文組織 (UNESCO) 頒定為世界文化遺產。搭配發達的交通運輸網，從市內搭乘大眾交通工具如高鐵、近郊火車 (Cercanías)、公車，皆可輕易抵達。

周遭名列世界遺產的古城包括：位於馬德里自治區內的**埃斯科里亞爾 (El Escorial)**、**阿蘭胡埃斯 (Aranjuez)**、**阿爾卡拉‧埃納雷斯堡 (Alcalá de Henares)**，北邊卡斯提亞-雷昂大區裡的**塞哥維亞 (Segovia)** 和**阿維拉 (Ávila)**，南邊卡斯提亞-拉曼查大區裡的**托雷多 (Toledo)**。

由於塞哥維亞和托雷多的名氣已夠響亮，我來介紹 3 座遊人較不熟悉、馬德里自治區內的古城。行有餘力的話，不妨安排出遊，收集世界文化遺產。

馬德里人的皇家後花園

埃斯科里亞爾
El Escorial

🖂 patrimonionacional.es/visita／📍皇家修道院 Avenida Juan de Borbón y Battemberg, s/n／🕐 週二～日10:00～18:00，週一公休／💲12€；免費時段為週三和週日15:00～18:00／🚃 從阿托查火車站(Atocha)搭近郊火車C-8號線到 El Escorial，散步半小時抵達；或從蒙克洛亞公車轉運站搭661、664號公車到 San Lorenzo de El Escorial

世界文化遺產：皇家修道院與宮苑 (Monasterio y sitio)

埃斯科里亞爾位於馬德里西北方，分為上、下城，上城就是皇城「聖羅倫佐德埃斯科里亞爾」(San Lorenzo de El Escorial)──全名連對西班牙人來說都嫌冗長，通常大家就簡稱為埃斯科里亞爾 (El Escorial)。

1. 耶誕節的皇城很有童話世界的 Feel／2. 位於皇城的老旅社 Hotel Miranda & Suizo，有間懷舊風情濃郁的咖啡館／3,4. 皇城裡充滿復古氛圍的咖啡館 Croché Cafetín，是我的最愛／5. 修道院雄偉壯闊，在它面前草木人物都顯得渺小／6. 耶穌誕生場景裝置，總是吸引許多遊人前來觀賞

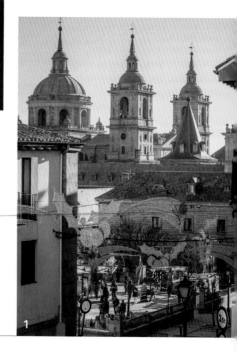

必看的是被稱為世界第八大奇蹟、名列世界文化遺產的巨無霸「皇家修道院」！1563 年由哈布斯堡王朝的西班牙國王費利佩二世 (Felipe II) 下令建造，以紀念殉道的聖羅倫佐，並作為王宮和王家陵寢。費利佩二世常年隱居於此處理政務，在此開創西班牙的黃金盛世。

修道院的規模雄偉壯觀、風格簡樸莊嚴、氣氛肅穆凜然，建築群涵蓋了宮殿、教堂、陵墓、學校、神學院、圖書館等，並收藏許多聖物、珍本、藝術傑作，深具宗教、建築、藝術、歷史等多重文化意義與重要性。

在典雅莊嚴的城裡漫步後，不妨再去優雅脫俗的王子花園 (Parque y jardines de la Casita del Principe) 散步。如果你在耶誕節前後來訪，還可觀賞街頭各處由當地居民手工打造的巨型「耶穌誕生場景」(Belén) 裝置，洋溢著古樸童趣。

皇城典雅大器，四季皆美，春有花、夏有綠、秋有楓、冬有雪，是馬德里人的寧靜後花園，也是我和阿卡想逃離城市塵囂時最愛的去處！

西班牙王室夏宮及避暑聖地

阿蘭胡埃斯
Aranjuez

patrimonionacional.es/visita／阿蘭胡埃斯王宮 Plaza de Parejas, s/n／週二～日 10:00～18:00，週一公休／9€；免費時段為週三和週日15:00～18:00／從太陽門或阿托查火車站搭近郊火車C-3號線到Aranjuez，散步20分鐘抵達

世界文化遺產：文化景觀 (Paisaje cultural)

阿蘭胡埃斯位於馬德里南方，伊比利半島上最長的河流塔霍河 (Tajo) 與哈拉馬河 (Jarama) 在此交會，形成了肥沃豐饒的河谷，種出的蔬果特別鮮美香甜。由於地形使然，有著比馬德里更涼爽的氣候，是西班牙歷代王室熱愛的避暑勝地。

阿蘭胡埃斯的「文化景觀」名列世界文化遺產的理由是：「這是個涵蓋許多複雜關係的整體，包括自然與人類活動之間的關係、蜿蜒的水道與幾何狀景觀設計之間的關係、鄉村和都市之間的關係，森林景觀和精雕細琢的宮廷建築之間的關係。」

必參觀王室夏宮—阿蘭胡埃斯王宮 (Palacio Real de Aranjuez)，以及周圍優美精巧的法式巴洛克花園庭院，花草樹木、河流池塘，無一不美。

尤其王子花園 (Jardín del Príncipe) 坐落各處的噴泉和雕像，與四周景致相映成趣，裡頭還有個中國風池塘 (Estanque de los Chinescos)。

提醒各位：草莓是阿蘭胡埃斯的特產，每年春、秋兩季都有草莓觀光火車自馬德里行駛至此，適合大人小孩一起搭乘體驗。

1. 阿蘭胡埃斯王宮外觀／ 2. 王子花園裡最受遊客喜愛的中國風池塘

阿爾卡拉·埃納雷斯堡
Alcalá de Henares

🚉 從阿托查火車站搭近郊火車C-7號線到Alcalá de Henares，散步10分鐘抵達

世界文化遺產：大學區及歷史區
(Universidad y recinto histórico)

阿爾卡拉·埃納雷斯堡距離馬德里市僅30公里，1499年西斯內羅斯樞機主教在此創辦了馬德里康普頓斯大學 (Universidad Complutense)，成為世界上第一座被規劃為大學城的城市！其大學校區和歷史城區被列為世界文化遺產，重要性為：「為歐洲和世界各地的大學提供了設計模範。」

喜歡西班牙文學的人必來朝聖，因為世界文學巨作《唐吉訶德》的作者、西班牙文學世界裡最偉大的作家塞萬提斯，1547年在此城出生。文學迷可參觀塞萬提斯出生地故居博物館 (Museo Casa Natal de Cervantes)，館前唐吉訶德的雕像，是遊客們最愛留影的地點。

1.塞萬提斯廣場是當地城民和學子社交與休憩的場所／2.西班牙文學最高榮譽塞萬提斯獎的頒獎典禮，在這棟大學寓所裡舉行

14

個特色小區

馬德里市在行政上劃分為 21 個區域 (Distrito)，各區域又進一步劃分為 131 個分區 (Barrio)。至於馬德里旅行官網，則依照當地人的分區習慣，為遊人旅客將馬德里規劃為 18 個具有旅遊意義的小區，每區皆有各自的特色與個性，各個都適合花時間漫步走訪品味。

我在本章精選 14 個位在市中心的小區深入介紹。如果你想要深度體驗在地人的生活方式、感受馬德里的生活脈動、呼吸馬德里的生活氣息、真切認識這座城市的精神和靈魂，不需走馬看花、不用趕看景點，一天選定 1～2 個小區「慢遊」，絕對是體會馬德里魅力所在的最佳玩法！

金氏世界紀錄最古老的波丁餐廳，位在歷史感濃厚的奧地利區。

馬德里市區分區位置圖
與分區電子地圖 QR code

駐西班牙台北經濟文化辦事處
Oficina Económica y Cultural de Taipei

聖地亞哥·伯納烏足球場
Estadio Santiago Bernabéu

四大樓商業區
Cuatro Torres Business Area

蒙克洛亞燈塔觀景台
Faro de Moncloa

錢貝里區
Chamberí

公主區
Princesa

空中纜車
Teleférico de Madrid

伯爵公爵區
Conde Duque

馬拉薩娘區
Malasaña

薩雷薩斯區
Salesas

雀卡區
Chueca

田園之家
Casa de Campo

奧地利區
Austrias

太陽門 - 格蘭大道
Sol-Gran Vía

藝術大道
Paseo del Arte

文人區
Las Letras

拉丁區
La Latina

拉瓦皮耶斯區
Lavapiés

馬德里河
Madrid Río

拉斯班塔斯鬥牛場
Plaza de Toros de
Las Ventas

薩拉曼卡區
Barrio de
Salamanca

麗池區
Retiro

太陽門 - 格蘭大道

奧地利區

文人區

拉丁區＋拉瓦皮耶斯區

藝術大道＋麗池區

馬拉薩娘區＋伯爵公爵區

雀卡區＋薩雷薩斯區

薩拉曼卡區＋錢貝里區
＋公主區

老城區黃金三角之一：
馬德里旅遊心臟地帶

傳統與現代交融的老城風情

　　太陽門廣場 (Puerta del Sol) 和格蘭大道 (Gran Vía) 一帶，是遊客必打卡的重點觀光區，除了有百年歷史老店可尋寶，也有當代國際品牌可血拼，是馬德里的旅遊心臟地帶，也是傳統與現代交融最澈底的街區。以台北做比喻的話，就像是大稻埕緊連著信義區一樣，你可一步跨越百年歷史感受商業熱力、也可一口吃到百年不變的經典風味！

　　從早到晚都人來人往，週末時更是人山人海。如果你來訪時見到萬頭鑽動的人潮，完全不用訝異，這裡總有著夜市般的生活熱度與看廟會般的興奮感。除了遊客以外，馬德里人週末時也會在這裡相聚、集會、購物、看戲、用餐、吃小吃。

分區地圖

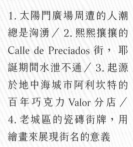

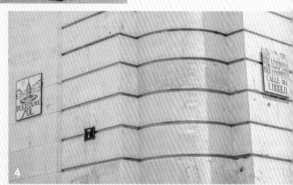

1. 太陽門廣場周遭的人潮總是洶湧／2. 熙熙攘攘的 Calle de Preciados 街，耶誕期間水泄不通／3. 起源於地中海城市阿利坎特的百年巧克力 Valor 分店／4. 老城區的瓷磚街牌，用繪畫來展現街名的意義

即使身為遊客最密集的城區，這裡的老店家也未忘初心，老侍者保持一貫悠然的待客之道、當地人也不忘慢活的生活哲學，邀請你不疾不徐地體驗馬德里的老城風情。

條條大路小街都通太陽門廣場

大部分的旅客認識馬德里都是從太陽門廣場開始的，老城區以此為軸心，向東西南北發散出許多條大街小巷。

往東的老街——Carrera de San Jerónimo 街是行人專用道，非常適合漫步，穿越其實是個大型交叉路口的**卡納萊哈斯廣場 (Plaza de Canalejas)** 時，值得抬頭欣賞四周美麗的歷史建築。若由此往北轉進塞維亞街 (Calle de Sevilla)，會遇見雍容華貴的馬德里四季酒店 (Four Seasons Madrid)；往南穿行 Calle de la Cruz 街，可發現許多熱鬧的小酒館。

若繼續往東行，則會經過西班牙眾議會所在的**議會宮 (Palacio de las Cortes)**，以及西班牙傳統戲曲的搖籃與推手——**查瑞拉歌劇院 (Teatro de la Zarzuela)**。查瑞拉說唱

劇發源於馬德里，演出形式包括樂器演奏、歌曲演唱、口白對話，以小人物、地方節慶、鄉野趣談為題材，故事背景多在馬德里，地方色彩濃厚。

往南 3 條平行的小街——Calle del Correo 街、Calle de Carretas 街、Calle de Espoz y Mina 街，聚集了百年老店、流行商店、餐廳酒館，總是人聲鼎沸。

往西經由古老的主街 (Calle Mayor) 和 Calle del Arenal 街，可連結老城區黃金三角之二的奧地利區。

往北 2 條平行的大街——Calle de Pre-ciados 街和 Calle del Carmen 街，連結人流如織的**卡亞俄廣場 (Plaza del Callao)**，各有一家英國裁縫百貨公司，血拼人潮眾多。Calle de la Montera 街入夜後有流鶯拉客，出入分子複雜，盡量避免深夜穿越。

英國裁縫百貨後門，面對深藏不露的宗教藝術瑰寶——**皇家赤足女修道院 (Monasterio de las Descalzas Reales)**，外表樸素卻大有來頭，曾為王室女子的居處，藏有宮廷顯要餽贈的昂貴精美宗教裝飾藝術品，包括法蘭德斯畫家、巴洛克畫派代表人物魯本斯 (Rubens) 設計的織錦地毯。

5

6

1.1856 年開幕的查瑞拉歌劇院，已有百年歷史／2.四季酒店華麗的耶誕裝飾／3.卡亞俄廣場上有旅客服務據點可索取地圖／4.卡亞俄廣場附近的巷弄是黑膠唱片行大本營／5.西班牙議會宮門口有兩隻青銅獅子駐守／6.皇家赤足女修道院的門面是銀匠式風格裝飾／7.從天台酒吧俯瞰格蘭大道夜景

7

黑膠唱片樂迷的天堂
Discos La Metralleta

　　這區的巷弄裡藏有多家黑膠唱片店，類型最多元、收藏最豐富，從 LP、CD、DVD 到卡帶都有賣的 La Metralleta，位在地面上看不見的地點，得從所在廣場的停車場入口走進地下室，才得以進入寶庫尋寶！

📍 Plaza de San Martín (Galería Comercial Parking de las Descalzas)

變裝派對服飾和佛朗明哥舞衣專賣店
Maty

　　如果你想在變裝派對驚豔四座、正在尋找歐洲風格古裝、或單純想瞧瞧美麗鮮豔的佛朗明哥舞衣和配件，一定要到專賣店 Maty 逛逛！店裡連木櫃、地板、廊柱、吊燈，都美不勝收，值得一看！

📍 Calle del Maestro Victoria, 2、Calle de las Hileras, 7

布料的精品百貨
Julián López

　　這區還有一家商店值得一逛—巨大典雅的布料專賣店 Julián López，各種花色、材質、用途都齊全，服務熱切又敏捷，不買布也可來觀賞布料之美。

📍 Calle de la Bolsa, 2

馬德里人的Meeting point

太陽門廣場
Puerta del Sol

🚇 地鐵站Sol（1、2、3號線）

太陽門廣場是馬德里必打卡景點！你或許會納悶「門」在哪裡？其實 15 世紀是有門的，當時城門面向東方，以裝飾太陽而得名。自 1561 年王室遷至馬德里定都後，經歷多次的擴建，太陽門不再是城界，城門也隨之消失。

太陽門廣場是馬德里的軸心，6 條最初始的國家公路以此為原點、10 條城市道路由此向外放射，是馬德里人的會面據點、示威抗議的集會中心、跨年倒數的慶祝地點。重要地標有：

● **舊郵政大樓 (Real Casa de Correos)**：廣場上最耀眼的建築物，建於 18 世紀，現為馬德里自治區政府辦公室。有座全國最威風的鐘樓，馬德里人跨年夜都會收看這座鐘樓的鐘響直播，以執行吞 12 顆葡萄的倒數儀式。

● **0 公里標誌牌 (Kilómetro Cero)**：鑲在舊郵政大樓前方地上，標示著馬德里是西班牙的公路原點，遊客們都愛來此踩上一腳合影。

● **小熊與草莓樹雕像 (Estatua del Oso y el Madroño)**：馬德里可愛的市徽標誌，位在靠近阿爾卡拉街 (Calle de Alcalá) 的角落，遊客們最愛在這合影。

● **馬德里史上最佳市長──國王卡洛斯三世雕像**：身為馬德里成為現代都市的最大推手，在市正中心豎立他的紀念雕像也是應該的。

1. 全國最威風的鐘樓在此／2. 小熊與草莓樹雕像／3. 經典雪莉酒品牌 Tío Pepe 的招牌和國王卡洛斯三世雕像／4. 這個 0 公里標誌絕對是全城被踩過最多腳的地標

格蘭大道
Gran Vía

🚇 地鐵站Gran Vía（1、5號線）、Callao(3、5號線)

格蘭大道上戲院齊聚，是西班牙的「百老匯」；商店匯集，也是馬德里最熱鬧的購物街。除此之外，飯店、餐廳、速食店一路排排站，幾乎從早到晚都人潮洶湧。

你可去百年皮件精品 LOEWE 歷史悠久的旗艦店朝聖、到愛爾蘭平價服飾 Primark 的巨無霸 5 層樓旗艦店血拼、在火腿博物館飽餐一頓後，再觀賞一場西班牙文版的《獅子王》音樂劇！

格蘭大道上的建築物美輪美奐，逛街血拼之餘值得抬頭欣賞。攝影師最愛捕捉的建築物有三：

● 有勝利女神雕像和金色鑲嵌圓頂的大都會大廈 (Edificio Metrópolis)
● 高掛著通寧水知名品牌 Schweppes 招牌的國會大廈 (Edificio Capitol)
● 1930 年代曾為歐洲最高摩天大樓的電信大廈 (Edificio de Telefónica)

至於遊客有所不知的事有二：一是夜幕低垂、華燈初上時，格蘭大道更美；二是這條大道本是馬德里最風光的「影院大道」，但近年來國際資本以高價承租精華地段，老戲院多被國際連鎖服飾店和速食店取代，留下影癡們的無限唏噓。

繁華都是夢的見證者

圓環藝術中心
Círculo de Bellas Artes (CBA)

🖥 circulobellasartes.com／📍 Calle de Alcalá, 42／🕐 展覽：週二～日11:00～14:00、17:00～21:00／咖啡廳La Pecera：每日08:00～01:00／圓環天台Azotea del Círculo：週一～四12:00～01:00，週五～六10:00～02:00，週日10:00～01:00／💲 展覽和天台 5€／🚇 地鐵站Banco de España、Sevilla(2號線)

成立於 1880 年，是西班牙最重要的私人藝術機構之一，畢卡索年輕時也曾在此習藝。廣納各種藝術類型，熱絡舉辦藝文活動，舉凡展覽、課程、表演、工作坊，還有個播映文藝電影的影廳。

附設的水族箱咖啡廳 La Pecera 是文人政客匯聚之處，吊燈、濕壁畫、雕像，都有著濃濃的人文藝術氣息，還有個據稱供應 900 種酒精飲料的酒吧！

頂樓則是城裡最老牌的天台酒吧 Azotea del Círculo，有精神象徵—羅馬神話中主司智慧、戰略、藝術的女神米娜瓦 (Minerva) 的雕像坐鎮，與格蘭大道上最吸眼球的大都會大廈對望，從早到晚都適宜來登高望遠。

Gran Vía

1.Schweppes 招牌是馬德里明信片常出現的熱門場景 ／ 2. 夜晚的格蘭大道車水馬龍 ／ 3. 踩街人潮無時無刻不洶湧

Círculo de Bellas Artes

1. 天台酒吧的氣氛既熱鬧也悠哉 ／ 2. 水族箱咖啡廳 La Pecera 充滿歐洲古典人文風情 ／ 3. 天台上可近距離眺望美輪美奐的大都會大廈

鐵板豬耳朵和內臟料理大王

Casa Toni
托尼之家

Calle de la Cruz, 14／10:00～16:30、19:00～23:30，週二公休／地鐵站Sol(1、2、3號線)、Sevilla(2號線)

不想端坐高檔餐廳吃大菜、想要體驗在地酒館氣氛、而且要一次品嘗好幾道下酒菜，這家在地人熱愛的小酒館，絕對能滿足你這種「接地氣」的需求！連我的西班牙廚師朋友，都將這家小酒館評為他在馬德里最愛的食堂！

豬耳朵是金字招牌，老客人都是衝著這道菜來的，煎得如玻璃般晶瑩剔透，香酥中帶著爽脆的嚼勁，配上香辣的醬汁，令人一口接一口。辣醬馬鈴薯也是必點之一，幾乎每桌都會點一盤。

如果你想嘗試馬德里傳統的內臟料理，這裡不論是胗 (Mollejas)、腎 (Riñones)、羊腸 (Zarajos)、牛肚 (Callos) 都有，可一次品嘗完畢。

這麼優秀的小酒館，週末時當然大排長龍，建議在週間來訪，以免等太久。

最狂的免費Tapas在此

Restaurante Sidrería Casa Parrondo
阿斯圖里亞斯風味餐酒館

casaparrondo.com／Calle de Trujillos, 9(此地址是小酒館，正對面是餐廳)／週二～週日13:00～02:00，週一公休／地鐵站Opera(2、5、R號線)、Callao(3、5號線)

我在馬德里的第一個老地方，和各路朋友在這度過無數個笑到彎腰的歡樂夜晚！

我所謂的老地方不一定要很老，不一定得有百年歷史，我心中的準則是：料理有家常味、價位走平實路線、服務有親切感。所謂的親切感不一定要很熱情，有時是令人感到親切的冷淡感、也可以是令人感到親切的混亂感。重點是要有特色、有個性，在熟悉感之外，還要讓你不論去幾次都有意思、有趣味，才不會生膩。

這家小酒館就是個所有準則都超標的老地方。既然是家蘋果西打酒館 (Sidrería)，招牌當然是來自阿斯圖里亞斯大區的天然蘋果西打酒 (Sidra)。

讓他們家出名的是：只要點飲料就會贈送巨大 Tapas、豪邁如里長伯的老闆和店長。有時這些阿伯們興起，還會從對門餐廳端出大盤菜餚一路發送給小酒館裡的酒客們取用下酒。料理和服務或許都粗獷了點，但保證給你原汁原味的酒館體驗！

1.矮木桌和矮木椅，最有小酒館情調／2.小酒館的玻璃窗上寫滿了招牌菜色／3.久久沒吃會懷念的鐵板豬耳朵／4.辣醬馬鈴薯也是一絕

1.一張圖片說明小酒館所有的招牌酒菜／2.蘋果西打酒專屬倒酒機（Escanciador），壓了就出酒／3.點瓶蘋果西打酒，店長竟切了碟熱騰騰的豬腳下酒

Restaurante Sidrería Casa Parrondo

1. 在火腿環繞下喝杯啤酒是件幸福的事／2. 由於 CP 值高，週末排隊人潮眾多／3. 位在 Carrera de San Jerónimo 老街上的分店／4. 各種等級的西班牙火腿現買現切

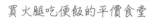

買火腿吃便飯的平價食堂

Museo del Jamón
火腿博物館

🌐 museodeljamon.com／📍Calle Mayor, 7 Carrera de San Jerónimo, 6／🕐各家分店不一，但通常從早餐供應至晚餐／🚇地鐵站Sol (1、2、3號線)、Sevilla(2號線)

火腿博物館不是博物館，而是集結西班牙火腿醃肉專賣店、酒吧、餐館於一身的連鎖餐飲店，在馬德里有 7 家分店，由於餐飲價

格親民，深受在地人和遊客喜愛。

料理的選擇性極多，舉凡火腿醃肉盤、起司盤、三明治 (Bocadillos)、烘蛋、沙拉、可樂餅、燉牛肚等，各色傳統料理小食應有盡有，也供應平價午間套餐，因此酒吧區總是人聲鼎沸、用餐區時常大排長龍。雖然不在我個人的口袋名單上，但偶爾也會來喝杯生啤酒、吃客午間套餐，也的確是遊人旅客買火腿、吃便飯的好去處。

since 1915

夢幻的紫羅蘭糖元祖

La Violeta

百年紫羅蘭糖果店

🖥 lavioletaonline.es ／ 📍 Plaza de Canalejas, 6 ／ 🕐 週一～六10:00～20:00，週日公休 ／ 🚇 地鐵站Sol(1、2、3號線)、Sevilla (2號線)

雖然紫羅蘭糖在西班牙許多伴手禮店或糕餅店都有賣，但這家迷你老店可是創始元祖！門口兩個弧形櫥窗的陳列復古可愛，推開百年木門進入店裡後，夢幻的紫羅蘭世界立馬將你包圍—不論紙盒、玻璃瓶、瓷器，或是店員手裡綁不停的緞帶，全都紫得浪漫、紫得發泡！

至於糖果本尊，當然也是紫色的，而且形狀就如紫羅蘭花有著5朵花瓣。添加了紫羅蘭花精，吃入嘴裡花香濃郁。老店還有市面少見的天然糖漬紫羅蘭花，價格不菲。喜不喜歡吃花，端看個人的口味而定，買一盒來嘗嘗看就知道了。倒是作為伴手禮，可是夢幻又新奇！

1,2.包裝夢幻，是馬德里最具代表性的伴手禮／
3.百年木製櫥窗裡有一大片甜蜜紫蘿蘭糖在召喚／
4.連店員的制服也是紫羅蘭色

since 1913

不懂裁縫也會嘖嘖稱奇

Almacén de Pontejos
百年縫紉材料行

pontejos.com／ Plaza de Pontejos, 2／ 週一～五09:30～14:00、17:00～20:00，週六09:30～14:00，週日公休／ 地鐵站Sol (1、2、3號線)

　　沒有人推開這家老店的大門後不驚呼的！店面其實不大，但是L型的長櫃台有著滿滿的服務窗口，加上陳列有術，琳琅滿目的商品從櫃台往天花板蔓延開來爬滿牆面，讓人有走進萬花筒的幻覺。

　　老店販賣的商品以縫紉材料為主，也有飾品和配件，從縫紉機、針線收納盒等工具，到各式各樣的拉鍊、針線、毛線、穗飾、刺繡、緞帶、鞋帶、魔鬼氈、扣環、徽章貼布、髮飾、絲襪等，品項應有盡有、款式多如繁星、保證眼花撩亂。

　　最為人津津樂道的是長達100公尺、布滿2萬顆鈕扣的木製滾筒，供客人用手滾動、慢慢挑選。如果你熱愛手工藝，千萬不要錯過這裡！即使你對縫紉沒興趣，也不妨來老店感受一下百年的專業和堅持，以及非常西班牙式的「鋪天蓋地」陳列法則！

1. 老店坐落在一個寧靜的廣場上／ 2. 所謂的琳琅滿目與鋪天蓋地，難怪客人絡繹不絕／ 3. 江湖傳說的鈕扣滾筒，太神奇了

西班牙王后御用折扇

Casa de Diego
百年手工扇子傘具專賣店

🌐 casadediego.info／📍Puerta del Sol, 12
／🕐週一～六09:30～20:00，週日公休／
🚇地鐵站Sol (1、2、3號線)

開業近200年仍然生意興隆，除了招牌
的扇子和雨陽傘，還有賣拐杖、披肩、響板，
以及女士們的聖週傳統配飾─西班牙頭紗
(Mantilla) 和梳釵 (Peineta)，完全集西班牙傳
統配飾於大成！每樣都手工製作、每款都華
美細緻，想買具有西班牙風情的紀念品，來

這就對了。連現任的西班牙王后萊蒂西亞當
年大婚時，手持的都是他們家的折扇喔！

各式色彩繽紛的精美折扇和披肩

好萊塢服裝設計都愛用

Guantes Luque
百年手工手套專賣店

📍Calle de Espoz y Mina, 3／🕐週一～五
10:00～13:30、17:00～20:00，週六10:30
～13:30，週日公休／🚇地鐵站Sol (1、2、3
號線)、Sevilla(2號線)

你以為百年手工手套應該很老氣，只適合
老太太嗎？這家老店的設計款式可是出色到
連好萊塢電影造型團隊都會訂購！除了使用
上等質料外，在這個裁縫專業逐漸消失的年
代，仍然堅持手工縫製。雖然店面古早到令
人有點害怕踏進去，燈光氛圍暗沉、木櫃生
了塵埃，但是老闆非常親切，各種尺寸、顏

色、質料、款式的手套在此都找得到，保證
你不會「空手」而歸！

裝潢、家具和工具看來都有百年歷史，女性款式居
多，各色手套令人心動

since 1904

排隊買樂透也是種生活樂趣

Doña Manolita

百年彩券行：馬諾利達女士

📱 loteriamanolita.com／📍Calle del Carmen, 22／🕐 耶誕彩券開賣期間(10/1～1/6)每日09:00～20:15；1/7～6/30及9月週一～五09:30～20:15，週六11:00～20:30，週日公休；夏季(7、8月)週一～五09:30～20:15，週六和週日公休／🚇地鐵站Sol(1、2、3號線)、Callao(3、5號線)

獎金高到誇張、民眾買到瘋狂的西班牙耶誕彩券胖子樂透 (El Gordo) 熱銷期間，馬德里人都愛全家出動來此「排隊」買樂透，隊伍往往長到看不見尾巴，已成為馬德里的耶誕過節儀式之一，是許多家庭的共同回憶！

請認明藍色店招和排隊人龍

賣彩券賣了一世紀，全城無人不知曉！位在車水馬龍的老城區，人氣自古即旺，越旺就越容易中獎、越常中獎就越多人買！每年

since 1895

酒神信徒必拜的殿堂級博物館

Mariano Madrueño

百年烈酒與葡萄酒專賣店

📱 marianomadrueno.es／📍Calle del Postigo de San Martín, 6／🕐週一～五10:00～14:00、17:30～20:30，週六11:00～14:15、17:30～20:30，週日公休／🚇地鐵站Sol (1、2、3號線)、Callao(3、5號線)

馬德里唯一有百年歷史的酒類專賣店！創辦人從蒸餾茴香酒、白蘭地、糖漿及釀製香艾酒 (Vermú) 等加烈葡萄酒起家，雖然酒廠在 1999 年關掉，收藏有如酒類博物館般豐富的專賣店，仍持續守護至少上千款的西班牙葡萄酒，等待酒神的信徒們來尋找瓊漿。

稱為酒類博物館，一點也不誇大

兩世紀的精湛手藝與堅持

Antigua Pastelería del Pozo

百年糕餅店

antiguapasteleriadelpozo.com／Calle del Pozo, 8／週二～六09:30～14:00、17:00～20:00，週日09:30～14:00，週一公休／地鐵站Sol(1、2、3號線)、Sevilla(2號線)

馬德里最古老的糕餅店，在井街(Calle del Pozo)陪伴馬德里人走過兩個世紀，西文名稱就叫做「井街的古老糕餅坊」。只做西班牙傳統糕餅，200年來都堅持做到極致。

金字招牌包括：全年都賣的三王節應景糕餅—不加水果不加餡料最是純粹的國王蛋糕(Roscón de Reyes)、週末才賣的馬德里聖週甜點—油炸三角奶油餡餅(Bartolillos)，最受歡迎的是各種甜鹹口味的酥皮麵包(Hojaldres)。

最熱賣的則是長方形酥皮派(Bayonesa)，不切成1人份的小塊，只賣完整版8人份

和切半版4人份。內餡填充的是天使髮絲(Cabello del Ángel)—將魚翅瓜(南瓜的一種)的果肉焦糖化的甜品，瓜果纖維糖化後的口感絲絲細膩，因此被譽為天使的髮絲。

大理石木桌上的兩卷包裝用棉線充滿古趣，至於老板身後那尊歷史超過百年的古式收銀機可不是裝飾品，至今還在使用，懷舊至此，可說是種浪漫了！

1. 金字招牌國王蛋糕／ 2. 充滿古早味的木造門面／ 3. 老板竟然還在使用這尊金光閃閃的百年收銀機／ 4. 最熱賣的天使髮絲酥皮派

馬德里的滬杭豆漿店

La Mallorquina
百年糕餅店

pastelerialamallorquina.es／ Calle Mayor, 2／週日～四09:00～20:30，週五～六09:00～21:00／地鐵站Sol（1、2、3號線）

　　位在熱鬧的太陽門廣場上，隨時都門庭若市，可用「馬德里的滬杭豆漿」來比喻！相似的不只是強強滾的生意與人潮，還有數十年如一日提供在地傳統點心的精神。

　　馬德里人愛來這吃早餐、買點心、喝下午茶。拿波里派酥皮麵包 (Napolitana) 是招牌，有卡士達奶油 (Crema) 和巧克力口味。清香

不甜膩的鮮奶油 (Nata) 也出名，鮮奶油皇后蛋糕 (Reina)、鮮奶油樹枝卷 (Tronquito)、鮮奶油漢堡 (Bamba) 都讓人難以抉擇。

　　熱門時段如早餐和下午茶，有時如百貨週年慶般戰況激烈，選定戰區後，祕訣心法是「見縫插針」：

● **一樓外帶區：**得跟旁人摩肩接踵競爭，看誰的眼神銳利、先獲得店員注目。沒有排隊或抽號碼牌這種事，一切比照百年前的模式。

● **一樓立食區：**站著吃喝的ㄇ字型咖啡吧，沒有菜單，可先在外帶區記下糕點名稱，或看吧台裡喜歡哪個就用手指。客滿時要在人後守候，見人離場時立馬卡位。

● **二樓座位區：**可悠哉坐著、看菜單點餐，但價格比樓下高一點。

1.鮮奶油皇后蛋糕和樹枝卷／2.立吞咖啡吧總是一位難求／3.百年老店的店招是少女般的粉紅色／4.各式各樣的傳統糕點一字排開

since 1839

歷史文學美學地位全城最高

Lhardy

百年高級料理餐廳：拉爾迪

🌐 lhardy.com／📍 Carrera de San Jerónimo, 8／🕐 **商店**｜冬季：週一～六09:00～22:00，週日10:00～15:00；夏季：週一～五11:30～15:30、19:30～22:00，週六11:30～15:30，週日公休；**餐廳**｜冬季：週一至週六13:00～15:30、20:30～23:00，週日13:00～15:30；夏季：週一至週五13:00～15:30、20:30～23:00，週六13:00～15:30，週日公休／🚇地鐵站Sol (1、2、3號線)、Sevilla(2號線)

馬德里第一家高級料理餐廳，兩個世紀以來都是王宮貴族、政治權貴、文人雅士最喜愛的聚餐場所，西班牙散文家阿佐林(Azorín) 曾言：「我們無法想像沒有拉爾迪的馬德里！」

迎上19世紀浪漫主義蓬勃發展的年代，裝潢和餐具無一不呼應浪漫的美學主張—螺旋樓梯、古典吊燈、金框鏡面，讓人穿越百年。除了主廳外，另有5個私人小廳，其中日本廳的東方裝飾最具特色。

提供正統法國料理和馬德里經典菜餚，包括全城最優雅的馬德里燉肉菜豆鍋。西裝革履的侍者華麗穿梭桌間，一開口就是老馬德里人的親切幽默。

我最推薦他們家1樓的糕點店兼小酒館，必品嘗用華麗的銀製茶炊裝盛的招牌法式清湯 (Consomé)，全城最好喝，加雪莉酒的版本更過癮，還可以外帶喔！

1. 木門招牌很低調，推開門別有洞天／2. 法式清湯是老店招牌，銀製茶炊是老店堅持／3. 來一杯西班牙氣泡酒 Cava，為旅程增添儀式感／4. 全城最好吃的西班牙可樂餅 (之一)

一年到頭都有聖週炸麵包

La Casa de las Torrijas

百年炸麵包小酒館：炸麵包之家

📍Calle de la Paz, 4／🕐週一～五11:00
～23:30，週六12:00～23:30，週日12:00
～19:00／🚇地鐵站Sol（1、2、3號線）

創始人從家鄉來到馬德里賣自釀的葡萄酒，開了4家酒館，經歷時空變遷與人事更迭，百年後剩下這家、以及奧地利區的El Anciano Rey de los Vinos 仍然屹立。我心儀這家的小巧古意，牆上布滿鏡子、舊招牌、歷史照片，小方桌以20年代海報蓋上一片厚玻璃，藍黃白相間的瓷磚，每個角落都展現出老酒館的藝術。

老店名為炸麵包之家，顧名思義，這裡一年到頭都供應聖週應景甜點炸麵包（Torrijas）。有牛奶和葡萄酒兩種口味，口感上前者綿密、後者酥脆，經典吃法是配杯老店自釀的甜葡萄酒，或點杯烈酒淋在上面吃—跟吃酒釀湯圓的暖身效果異曲同工。

老店的Tapas也精采，還有供應午間套餐，是間早、午、晚都可來解饞的全方位小酒館。提醒一下：炸麵包很甜膩，不要貪多。

1. 喜歡這片古色古香的風貌／2. 甜葡萄酒也是老店招牌／3. 瓷磚華麗、木桌古樸，點酒還送碟小吃／4. 炸麵包上桌，左邊牛奶口味，右邊葡萄酒口味

since 1860

炸鱈魚第一把交椅

Casa Labra
百年炸鱈魚小酒館：拉布拉之家

casalabra.es ／ Calle de Tetuán, 2 ／ 每日11:00～15:30、18:00～23:00 ／ 地鐵站Sol (1、2、3號線)

　　鼎鼎大名的傳奇老店，百年來以其招牌小吃「炸鱈魚」、優秀的服務、庶民的價位，屹立不搖。每日人潮洶湧，是馬德里炸鱈魚第一把交椅，也是馬德里人最愛的滋味！

　　稱為傳奇，因為 1879 年的 5 月 2 日，西班牙政壇大黨「西班牙工人社會黨」(Partido Socialista Obrero Español，簡稱 PSOE) 就在這創立，成為歐洲歷史上第二悠久的工人政黨。圓弧形的木造門面角落有塊銘牌，就記錄著這段歷史。

　　雖然有露天高腳座位區，但熱鬧滾滾的吧台區才是王道。吃喝要分開點：點小吃到櫃台乖乖排隊、點酒水到酒吧見縫插針，分開結帳、現點現領。兩道招牌必吃，都是完美的下酒菜：

● 炸鱈魚 (Tajada de Bacalao)：麵衣薄酥，鱈魚鮮嫩。
● 鱈魚可樂餅 (Croqueta de Bacalao)：鱈魚實在，奶餡香濃。

1. 櫃台小哥和廚房大廚一秒都不停歇 ／ 2. 酒吧前一派悠哉的馬德里人 ／ 3. 兩種鱈魚美味集一盤，絕佳下酒菜 ／ 4. 總有排隊人潮，但美味值得等待

1

since 1906

天字第一號香辣蒜蝦

La Casa del Abuelo

百年蝦料理小酒館：阿公之家

🌐 lacasadelabuelo.es／📍創始店：Calle de la Victoria, 12／🕐週一～四12:00～24:00，週五～六12:00～01:00，週日12:00～23:00／🚇地鐵站Sol(1、2、3號線)、Sevilla(2號線)

　　這家老店的西班牙文名稱直譯為「阿公之家」，做蝦料理做成了精，今日在馬德里共有７家分店，可稱為老城「蝦神」、「蝦王」來也。

　　我最推薦店面不大但是風情萬種的創始店，門面與裝潢都訴說著百年歷史，牆上掛滿插畫和老照片，地上有一條讓食客丟垃圾的小溝，服務生都是深藏不露的厲害阿伯，最特別的是一座座設計獨到的雙層小立桌——上層可放蝦、下層來放酒。

　　「香辣蒜蝦」(Gambas al ajillo) 是金字招牌，火候掌控之精妙，放眼馬德里、甚至西班牙，應該都無敵手。

3

4

5

1.請認明這家創始店的門面／2.聞蝦而來、無蝦不歡的客人們／3.老店自己釀的甜葡萄酒值得一試／4.鐵板灼白蝦也是老店拿手菜／5.香蒜辣蝦上桌時熱油還在翻騰，是道鮮、香、辣齊聚一堂的「麵包菜」／6.看阿伯快手掌廚有種熱炒店的親和力

看廚師阿伯把盛有橄欖油和辣椒的小陶盤放上鐵盤加熱，豪邁撒上蒜末和荷蘭芹，快手剝蝦丟進盤，用大火過一下，有種台灣熱炒店的親切感，讓人看到入迷。

香辣蒜蝦上桌時，熱油還在翻騰、香氣會逼死人。重點是，蝦鮮嫩、味辛香、油熱辣，簡直黯然銷魂！除了蝦子吃不停外，麵包沾著蒜油更是一口接一口，讓不愛麵包的人都想續盤，是道令人欲罷不能，集鮮、香、辣於一盤的「麵包菜」！

此外，老店的「鐵板灼白蝦」(Gambas a la plancha) 也是拿手好菜，愛蝦人不妨也試試。雖然各種蝦料理和啤酒、白葡萄酒都是絕配，但是老店自釀的甜葡萄紅酒可說是一絕，別忘了點來試試，喜歡的話還可以買一瓶帶回家。

老城區黃金三角之二：
馬德里最具歷史感的重點街區

名為奧地利區的歷史典故

　　奧地利區聚集了具有王朝風範的偉大建築，以及皇家美學的典雅園林，是馬德里最具歷史感的街區，與老城區黃金三角之一的太陽門 - 格蘭大道並列為馬德里重點觀光區。走進此區，你可一路看遍帝國首都歷史興衰、也可踏進街市感受庶民的生活熱力！

　　但是你可能會疑惑，為什麼明明在西班牙，卻稱為奧地利區？

　　西班牙的王朝更迭與繼承，不是三言兩語可以道盡。長話短說，由卡斯提亞王國的伊莎貝爾一世 (Isabel I de Castilla) 和阿拉貢王國的費爾南多二世 (Fernando II de Aragón) 聯姻結成的天主教雙王，驅逐了穆斯林摩爾人在南部的政權，完成收復失地運動，自此開創西班牙的黃金時代。

1. 摩爾人花園遊客不多，是馬德里人的祕境之一／2. 遊人在小丘上眺望馬德里王宮／3. 王宮前絡繹不絕的遊客／4. 從薩巴蒂尼花園望看王宮，藍天綠樹襯托建築之美

　　而費爾南多二世過世後，他的女兒瘋女胡安娜 (Juana I de Castilla) 與來自奧地利哈布斯堡家族的女婿費利佩一世 (Felipe I de Castilla) 生的長子，於 1516 年繼承王位成為西班牙國王，稱卡洛斯一世 (Carlos I de España)，從此開啟了西班牙哈布斯堡王朝的統治。

　　因此，「西班牙哈布斯堡王朝」就是指西班牙在 1516 年至 1700 年間，由哈布斯堡家族統治在西班牙的時期，由於與奧地利哈布斯堡王朝同宗，在西班牙又稱為「奧地利王朝」(Casa de Austria)。

　　卡洛斯一世的兒子費利佩二世 (Felipe II) 於 1556 年即位後，在 1561 年將王室定都於馬德里。奧地利王朝統治期間，在這個鄰近王宮的街區修建了眾多樸素簡潔的宗教建築與廣場，即使後來是由繼承西班牙王位的波旁王朝重建了失火燒毀的王宮和周遭的園林，此區仍因奧地利王朝的建設，被稱作奧地利區。

Top 3 歷史景點皆集中在此

奧地利區涵蓋了馬德里 Top 3 歷史景點：**主廣場、王宮、市政廣場**，漫步其中就像穿越時空，忍不住發思古之幽情。

我建議從太陽門 - 格蘭大道區沿著主街 (Calle Mayor) 一路散步來此區，轉進主廣場參觀後沿著廣場外圍慢慢晃，會遇見一家緊鄰一家的百年老店、一家 PK 一家的炸魷魚三明治小酒館，空氣中瀰漫著油炸的香氣。

回到主街繼續前行，經過左手邊古樸的市政廣場，盡頭處右手邊巍然屹立的龐然大物就是王宮。老城風景自此豁然開朗，從迷宮般的老街小巷變成大馬路、大廣場、大花園。欣賞王宮且漫步園林後，再找間百年餐酒館用餐小酌，馬德里老城的歷史精華至此百分百吸收！

1. 從主廣場的刀匠拱門 (Arco de Cuchilleros) 俯瞰古老的刀匠街 (Calle de Cuchilleros) ／ 2. 市政廣場古樸低調，很容易走過而未察覺 ／ 3. 閒適地坐在露天座位，遠眺阿穆德納聖母主教座堂 ／ 4. 東方廣場上悠哉的爺倆，身後雕像是國王費利佩四世 ／ 5. 老城區的建築都是暖色系，與藍天是絕配 ／ 6. 舊聖母主教座堂遺跡旁的雕像，屁股被遊客摸到發白 ／ 7. 主廣場上川流不息的旅人遊客

6

5

7

神祕的修女手工糕餅
Las Carboneras

　　西班牙修女烘焙甜點的傳統自中古世紀開始,而煤炭聖體修道院 (Monasterio del Corpus Christi,又稱為 Las Carboneras) 至今還在販賣修女手工製作的古早味糕餅。由於修女遵守修行清規,不與外人直接接觸,因此買糕餅活像玩遊戲闖關,要先按電鈴進門、穿越小中庭、找到小窗口、跟修女說要購買的產品後,糕餅盒才會從轉盤裡變出來。記得要把錢轉進去喔!

⊚ Plaza del Conde de Miranda, 3

修女就在這個小窗口裡頭銷售糕餅

8,9,10. 傳統食品雜貨店也是老城區不可或缺的生活風光

8

9

10

馬德里老城區的靈魂所在

主廣場
Plaza Mayor

地鐵站Sol(1、2、3號線)、Opera(2、5、R號線)

1

西班牙幾乎每個城市都擁有一座主廣場，而馬德里的主廣場，是旅客必訪的景點！

這座長方形的廣場長 120 公尺、寬 94 公尺，共有 4 座尖塔、114 個拱門、10 個出入口、377 個窗台、76 個老虎窗。於 1619 年費利佩三世 (Felipe III) 任內完工，因此廣場中心豎立了他雄赳赳氣昂昂的雕像。

不過廣場命運多舛，分別於 1631、1672、1790 年歷經 3 次火災；最後一次重建時，建築師捨棄了易燃的木材，改用磚塊與石材，總算沒再遭遇火燒厝。

主廣場古時用途多多，把一座廣場的商業、行政、文化、宗教意義發揮得淋漓盡致！最吸睛的建築物是麵包房之家 (Casa de la Panadería)、側邊還有肉鋪之家 (Casa de la Carnicería)，由此可想像當時市集交易之熱絡。曾舉辦過鬥牛、閱兵、慶典、遊行、嘉年華會；西班牙宗教裁判所盛行時期，異端分子也在此被處決。

主廣場如今仍然活躍，老店鋪屹立不搖、餐酒館百家爭鳴、街頭畫家努力賣藝。週日上午有郵票古錢街頭市集，也是馬德里最盛大的耶誕市集所在地。除了在廣場上拍照留

1. 拱門是主廣場建築特色，也是攝影師最愛的角度／ 2. 主廣場上總有遊人來往駐留／ 3. 麵包房之家的濕壁畫主題是與馬德里歷史相關的神話／ 4. 廣場上的百年餐廳 Los Galayos 供應馬德里傳統料理／ 5. 肚子餓的遊客們來主廣場坐著休息、吃三明治

念以外，不妨漫遊拱廊一周，慢慢感受廣場靈魂。

此外，在地人總愛說，坐在廣場上的露天座位吃飯、喝咖啡、喝啤酒是觀光客才做的事。但是身為觀光客，偶爾做一下「觀光客做的事」也不錯啊！

全年無休的旅客服務中心

主廣場上的麵包房之家設有 365 天開放的旅客服務中心。除了提供城市地圖和旅遊資訊諮詢服務外，也設有藝文活動售票窗口和馬德里紀念品專賣店。

義之間，外表肅穆莊嚴，但內部裝飾富麗堂皇、收藏金碧輝煌，每間廳堂的色彩都鮮豔強烈，粉紅、湛藍、湖水綠、芋紫、豔紅等，令人遙想西班牙國勢登峰造極的時代！

除了王宮本身，皇家廚房 (La Real Cocina) 是歐洲宮廷御膳房的典範，被完好地保存下來。對料理有興趣的人，一定要預約參觀，鐵定可看得津津有味。

馬德里最輝煌壯麗的座標點

馬德里王宮
Palacio Real de Madrid

🖥 patrimonionacional.es/visita/ ／ 📍 Calle de Bailén, s/n ／ 🕙 10～3月的週一～六10:00 ～18:00、週日10:00～16:00，4～9月的週一～六10:00～19:00、週日10:00～16:00 ／ 💲 王宮12€，王宮+皇家廚房特展期間17€、無特展時16€ ／ 🚇 地鐵站Opera(2、5、R號線)、Plaza de España (2、3、10號線) ／ ⁉️ 欲入內參觀，建議事先上網購票，以省去排隊時間

馬德里王宮占地 13 萬 5,000 平方公尺，共有 3,418 間房間，有一說是歐洲第一大王室宮殿，另一說是僅次於法國凡爾賽宮和維也納美泉宮的歐洲第三大宮殿。不論排名第幾，總之就是大！

雖然西班牙現任國王費利佩六世 (Felipe VI) 並不住在裡面，王宮仍是王室的官方居所，國家大典會在此舉行，平日則開放民眾參觀。

簡要地交代一下王宮的近代史：

哈布斯堡王朝的國王費利佩二世以阿拉伯舊堡壘改建而成的宮殿，在 1734 年不幸被火燒毀，因此波旁王朝的國王費利佩五世 (Felipe V) 決心重建一座更宏偉的宮殿。歷經國王與建築師更迭，王宮 1764 年在王室御用的義大利建築師薩巴蒂尼 (Francesco Sabatini) 手裡完工，卡洛斯三世成為第一位入住的國王。

王宮的建築風格介於巴洛克與新古典主

皇家衛隊交接儀式

每週三和週六的 11:00 ～ 14:00(7～8月則是 10:00 ～ 12:00)，在王子門 (Puerta del Príncipe) 前可觀賞皇家衛隊交接。除了 1、8、9 月以外，每月第一個週三的 12:00，在兵器廣場 (Plaza de la Armería) 還有皇家衛隊莊嚴換崗儀式，可從聖地牙哥門 (Puerta de Santiago) 進入觀禮。

1.季節限定的旋轉木馬，為王宮增添夢幻指數／2.王宮東立面對稱典雅／3.從東方廣場觀賞馬德里王宮／4.雄偉壯麗的王宮

2

3

4

阿穆德納聖母
主教座堂
Catedral de la Almudena

🌐 catedraldelaalmudena.es／📍Calle de Bailén, 10／🕐10:00～20:00，7～8月10:00～21:00／💲無須入場費，但會收1€香油錢／🚇地鐵站Opera (2、5、R號線)

馬德里遲至1879年才啟動了興建一座主教座堂的設計案，歷經經費不足、內戰停工，直到1993年才完工，由教宗聖若望保祿二世親自主持了祝聖儀式。符合新世代的審美觀，外形走純粹素樸的新古典主義。

主教座堂供奉的主保聖人是阿穆德納聖母 (Virgen de la Almudena)，也就是馬德里的守護神「城牆聖母」。據說摩爾人占領馬德里時，城民把聖母像藏進城牆裡，直到天主教徒收復失地後，才哭倒城牆請出聖母，因此得名。

主教座堂位置緊鄰王宮，與王宮中間以兵器廣場 (Plaza de la Armería) 相隔。由於此廣場可同時欣賞主教座堂與王宮，總是吸引眾多遊人駐足拍照。

此外，現任西班牙國王費利佩與西班牙首位平民王后萊蒂西亞 (Letizia) 夫婦，當年規模盛大的王室婚禮，就是在這座主教座堂舉行的。

1. 近觀主教座堂樸素的北立面／2. 從小丘上眺望主教座堂和遊客群集的兵器廣場

市政廣場
Plaza de la Villa

🚇 地鐵站Sol(1、2、3號線)、Opera(2、5、R號線)

這個低調的老廣場位在主街上，是馬德里保留最好的老建築群之一，從前曾是馬德里市政廳所在。

廣場由3棟年代與風格各異的歷史建築包圍而成，包括：15世紀哥德混搭穆德哈爾式 (Mudéjar) 風格的盧漢之家與塔樓 (Casa y Torre de los Lujanes)、16世紀西班牙銀匠式 (Plateresco) 裝飾風格的西斯內羅斯之家 (Casa de Cisneros)、17世紀哈布斯堡王朝巴洛克風格的市政廳 (Casa de la Villa)。

建築古意盎然，氛圍古樸悠然，豎立著西班牙無敵艦隊的倡議者——海軍上將阿爾瓦羅·德·巴贊 (Álvaro de Bazán) 的紀念雕像，經過時不妨走進來懷古一番。

1. 市政廳在2007年以前是馬德里市政府所在地／2. 從右至左為：市政廳、西斯內羅斯之家、盧漢之家與塔樓／3. 海軍上將阿爾瓦羅·德·巴贊的紀念雕像，豎立在廣場盡頭

東方廣場
Plaza de Oriente

📍Calle de Bailén, 17／🚇地鐵站Opera(2、5、R號線)

位在王宮和皇家歌劇院(Teatro Real)之間的扇形廣場，以國王費利佩四世(Felipe IV)的高聳雕像與噴泉為中心。四周豎立20尊自西哥德王國以來的王者雕像，高貴莊嚴，展現首都風範。種滿紅花綠樹的花園草地，秀麗優雅，總有居民和遊客在廣場長廊上散步，或在園林噴泉旁小歇。

—— 坐擁王宮美景的 ——
東方咖啡館 Café de Oriente

位在廣場扇形邊上，有經典咖啡館的富麗堂皇、也有文藝沙龍的浪漫復古，露天咖啡座還可飽覽東方廣場和王宮東立面。讓人難以抉擇，坐裡面還是外面好呢？

📍Plaza de Oriente, 2

1. 費利佩四世的雕像被一片園林樹木圍繞／2. 東方廣場緊鄰王宮，處處有林蔭處可乘涼／3. 皇家歌劇院坐落在廣場旁

王宮三大園林之小家碧玉版

薩巴蒂尼花園
Jardines de Sabatini

📍Calle de Bailén, 2／🚇地鐵站Sol(1、2、3號線)、Opera(2、5、R號線)、Plaza de España(2、3、10號線)

以其設計者—義大利建築師薩巴蒂尼為名的新古典主義花園,設計美學上純粹工整,水池、噴泉、樹木的配置,無一不呈現幾何對稱。水池旁的白色王者雕像原是要裝飾在王宮牆上的,後來落腳在東方廣場和此處。作為王宮地理上的延伸,美感上當然也要維持一致典雅的風格。

1.花園一草一木都以工整為美學指標／ 2.王者雕像落腳在此也不違和

王宮三大園林之國家寶藏版

摩爾人營地花園
Campo del Moro

📍Paseo Virgen del Puerto, s/n／🚇地鐵站Opera (2、5、R號線)、Plaza de España(2、3、10號線)、Príncipe Pío(6、10、R號線)

王宮三大園林中腹地最廣大、唯一由王室直接管理的國家歷史遺產。從花園主要大道望去,綠油油的草地和青翠茂盛的林木、以白色大理石做成的貝殼噴泉 (Fuente de las Conchas),與遠方的王宮西立面連成一線,皇家風範令人嚮往,是馬德里人拍婚紗照的熱門據點!最厲害的是,這裡可捕捉到王室寵物—在園裡到處趴趴走的「孔雀」!

1.初秋的花園,更添詩情畫意的風情／ 2.花園裡有英式鄉村風格小木屋

炸魷魚三明治名店PK

沒吃過這味等於沒來過馬德里，炸魷魚三明治是馬德里名菜之一，幾乎所有名店都集中在主廣場方圓 200 公尺以內，可說是魷魚廝殺最激烈的戰區！選擇太多不知道要吃哪一家的話，不妨就挑一家磁場感覺對的來品嘗，內用或外帶皆相宜。內用的話，記得學馬德里人配上一杯生啤酒 (Caña)，方能體會炸魷魚的真諦！

吧台上擺滿各種炸物和小菜

Cervecería Sol Mayor

📍 Calle de Postas, 5 / 🕐 08:00～24:00，週二公休

經典的 U 型吧台是我的菜！炸魷魚是主打星，也擅長各種炸物包括：炸鰻魚、炸小墨魚 (Chopitos)、炸羊腸卷 (Zarajos)。思念鹹酥雞的話，不妨點份炸物拼盤解饞。

和排隊名店La Campana是鄰居

La Ideal

📍 Calle de Botoneras, 4 / 🕐 08:00～23:00

侍者爽朗的招呼讓人歡喜振奮，街坊鄰居愛來這家外帶三明治。雖然位在排隊名店 La Campana 隔壁，風采被搶去不少，但美味程度不相上下。

黃澄澄的店招很好認
Bar Postas

📍 Calle de Postas, 13 / 🕐 08:00～23:00，
週三公休

寬敞明亮的空間、活潑熱情的侍者，除了炸物與三明治，也有如豬耳朵等正港馬德里人熱愛的料理。不想配啤酒，可試試酒桶原裝的蘋果西打酒 (Sidra) 和香艾酒。

走經典小酒館路線
Casa Rua

📍 Calle de Ciudad Rodrigo, 3 / 🕐 每日10:00
～23:00

位在主廣場邊角的經典小酒館，總是生意興隆。除了招牌炸魷魚外，也有各種三明治和下酒小菜的選擇。

廚師們包三明治的手停不下來
La Campana

📍 Calle de Botoneras, 6 / 🕐 週日～四09:00
～23:00，週五09:00～24:00、週六12:00
～01:00

最受歡迎的排隊名店！門口的白色瓷磚上妝點著可愛的手繪酒菜，週末時廚師們魷魚炸個不停、客人人手一個三明治。辣醬馬鈴薯 (Patatas bravas) 也很熱門，不如就都來一份吧！

會噴汁的蘑菇料理

Mesón del Champiñón
蘑菇小酒館

🖥 mesondelchampinon.com / 📍 Cava de San Miguel, 17 / 🕐 週一～四11:00～01:00，週五～六11:00～02:00，週日12:00～01:00 / 🚇 地鐵站Sol(1、2、3號線)、Opera(2、5、R號線)、Tirso de Molina(1號線)

　　店名叫做蘑菇餐廳，金字招牌正是會噴汁的鐵板蘑菇！一盤盤蘑菇灑上蒜末、荷蘭芹，淋上檸檬汁，加上畫龍點睛的一小塊西班牙紅椒臘腸，提味作用百分百。每顆熱騰騰的蘑菇都會插上兩支竹籤，方便食客取用吞食。不論遊客或當地人，來這都愛點壺以傳統陶壺盛裝的紅酒或桑格利亞水果酒。

1. 菇菇愛好者看了肚子餓／2. 大廚準備了一盤盤的蘑菇

沒有老店包袱一樣美味

Casa Revuelta
炸鱈魚小酒館

🖥 casarevuelta.com / 📍 Calle de Latoneros, 3 / 🕐 週二～六10:30～16:00、19:00～23:00，週日11:30～16:00，週一公休 / 🚇 地鐵站Sol(1、2、3號線)、Opera(2、5、R號線)、Tirso de Molina(1號線)

一日香酥的炸鱈魚，一日冰涼的生啤酒

　　炸鱈魚的麵衣酥脆、鱈魚香滑，受歡迎程度可與太陽門-格蘭大道區的傳奇百年老店 Casa Labra 爭鋒，週末也有排隊人龍。愛吃鱈魚、或是炸物控的話，不妨兩家都吃吃看。我個人是兩家都愛，但這家沒有百年名店包袱，風格更加隨性自在。

since 1894

馬德里的永和豆漿大王

Chocolatería San Ginés

百年巧克力與吉拿棒油條店

🖥 chocolateriasangines.com／📍Pasadizo de San Ginés, 5／🕐 每日08:00～23:30／🚇 地鐵站Sol(1、2、3號線)、Opera(2、5、R號線)

這家老店有如「馬德里的永和豆漿」，從早到晚都來客洶湧，可從早餐吃到宵夜。尤其西班牙人最愛在Fiesta到天亮後，吃份吉拿棒配熱巧克力(Churros con chocolate)暖胃解酒再回家，跟我們Party後去吃油條配鹹豆漿，是一樣的道理。因此，大年初一早上來此排隊吃份吉拿棒，也是馬德里人的新年儀式！

老店最受歡迎的招牌套餐是熱巧克力搭配6根吉拿棒(Churros)、或2根粗油條(Porras)，也可分別單點。他們家的熱巧克力不會太甜，但害怕西班牙式超濃稠巧克力的人，可點套咖啡牛奶搭配6根吉拿棒。

老店的紅燈、綠牆和大理石餐桌，洋溢著濃濃的百年風情。室內一樓和地下室桌位不多，最受歡迎的是戶外露天座位。近年來產品線和店面都擴張，還在隔壁賣起了冰淇淋和各種巧克力甜品與餅乾，是夏天太熱吃不下油條和熱飲時的選擇。

1. 老店冬天生意最好，門口總是大排長龍／2. 華燈初上時，老店別有古意／3. 吉拿棒和大油條各來一份沾熱巧克力／4. 巷口百年書店 Librería San Ginés，有復古海報和明信片可挖寶

集西班牙小吃精華於一市

Mercado de San Miguel

百年市場：聖米格爾市場

mercadodesanmiguel.es / Plaza de San Miguel, s/n / 週日～四10:00～24:00 週五～六10:00～01:00 / 地鐵站Sol (1、2、3號線)、Opera(2、5、R號線)

這是一家沒有賣菜的百年市場，也是觀光客必逛的美食據點。當地人總愛嫌這裡很貴、只有觀光客會來吃。的確，這就是一家專為觀光客設計的美食市場！雖然小吃和酒水貴了點，因為以下原因，我還是會推薦親友來覓食：

● **建築值得一看**：市場的建築是馬德里數一數二精緻的鑄鐵建築。晚上亮燈時，透著光的玻璃屋熠熠生輝！

● **可吃遍西班牙**：市場在 2009 年轉型成馬德里第一間美食市場，聚集了超過 30 攤的美食美酒，包括西班牙各地特色料理，從瓦倫西亞大鍋飯 (Paella) 到加利西亞的海鮮、伊比利火腿、各色鱈魚小點、多種起司、醃漬品和醃漬串、甜點與冰淇淋，葡萄酒、香艾酒 (Vermú)、桑格利亞水果酒 (Sangría) 等，應有盡有，各取所需。

● **平價星級美食**：為了因應美食界的趨勢，近年來市場再度轉型，邀請了不少米其林星級主廚進駐加持。

● **可從早吃到晚**：市場開得早、關得晚，幾乎全天候開放。如果不習慣西班牙人的用餐時間，在一般餐廳開門前、關門後，都可來此打牙祭。

就算不想吃不想喝，市場裡各種食品陳列精美、色彩鮮豔，光用看的都賞心悅目，純欣賞也蠻值得，不妨就當作認識西班牙美食美酒的初體驗！

3

4

5

——市場裡最優秀的熱炒攤——
ARZÁBAL MARKET

　　我個人在市場裡最喜愛也最常造訪的小食酒吧攤是 ARZÁBAL MARKET，除了吧台上琳琅滿目的小吃外，還有很多海鮮可點，鐵板墨魚 (Sepia a la plancha) 和鐵板白蝦都很優秀，炸小青椒也推薦。

1,2. 百年市場獨具特色的鑄鐵建築／3. 各式鱈魚小點令人躍躍欲試／4. 看了流口水的各種橄欖、茄子、紅椒、鯷魚等醃漬品／5. 享受美食的同時也要留意扒手／6. 絡繹不絕的人潮，市場內人山人海／7. 現點現切的伊比利火腿

6

7

since 1894

三大百年帽店之店面最可愛

La Favorita
百年帽子店

🖥 lafavoritacb.com／📍Plaza Mayor, 25／
🕐 週一～五09:30～13:30、15:00～20:00，
週六10:00～14:00，週日公休／🚇地鐵站
Sol(1、2、3號線)、Opera(2、5、R號線)

笑容燦爛的型男老板與美女店員

　　位在主廣場的店面小巧可愛，老木櫃周圍堆滿帽盒，仍然維持家族經營，現在由第四代掌櫃。日本女星石原里美(或譯石原聰美)來西班牙錄製旅遊節目時，狂買了11頂不同顏色的百年貝雷帽品牌ELÓSEGUI，在這買得到。古巴革命偶像切‧格瓦拉(Che Guevara)肖像上經典的貝雷帽，也是在這家店買的！

since 1886

三大百年帽店之品項最多元

Casa Yustas
百年帽子店

🖥 casayustas.com／📍Plaza Mayor, 30／
🕐 週一～六10:00～20:00、週日11:00
～18:00／🚇地鐵站Sol(1、2、3號線)、
Opera(2、5、R號線)

櫥窗裡的帽款多元繽紛

　　同樣位在主廣場，店面很大、共有三進，除了賣帽子外，還賣軍用配件、各式禮品，譬如：西班牙珠寶品牌TOUS、瓷器品牌LLADRÓ，是間具有多角經營視野的老店。

三大百年帽店之全國最老牌

Sombrerería Medrano

百年帽子店

⌨ sombrereriamedrano.com／📍 Calle Imperial, 12／🕐 週一～五10:00～14:30、16:30～20:00，週六10:00～14:00，週日公休／🚇地鐵站Sol(1、2、3號線)、Tirso de Molina(1號線)

將近200年歷史的老店門面

全西班牙最古老的帽店！擁有製帽工坊，除了銷售流行帽款外，還製作各種職業人士配戴的帽子、及現今市面上找不到的歷史帽款和宴會藝術帽款，因此西班牙國內外的電影、電視、劇場造型團隊都是他們的客戶！

草編鞋的殿堂

Casa Hernanz

百年草編鞋店

⌨ casahernanz.es／📍 Calle de Toledo, 18／🕐 週一～五09:00～13:30、16:30～20:00，週六10:00～14:00，週日公休／🚇地鐵站Sol(1、2、3號線)、Opera(2、5、R號線)、Tirso de Molina(1號線)

櫥窗內的款式琳琅滿目

草編鞋(Alpargatas)舒服透氣，是西班牙藝術家達利的最愛，70年代經由時尚大師聖羅蘭之手登上伸展台，成為夏季造型不可或缺的單品。以天然素材、傳統手法製作，尺寸齊全、顏色多達30種，款式與高度的選擇多、還可量腳訂製，重點是價格實惠。假日大排長龍，想買的話最好週間來！

since 1855

王室御用的傳統甜點守護者

El Riojano

百年甜點店：里奧哈人

confiteriaelriojano.com／ Calle Mayor, 10／ 每日09:00～21:00／ 地鐵站Sol (1、2、3號線)

超過150年的歷史老店，門面雖然狹小，裡頭卻別有洞天，有富麗堂皇的販賣區和古色古香的茶廳 (Salón de Té)。創辦人是奧地利的瑪麗亞·克里斯蒂娜 (María Cristina de Austria)——波旁王朝的西班牙國王阿方索十三世 (Alfonso XIII) 的攝政王后，當時御用的甜點師傅。

據說他在王后的支持下開了這家店，從桃花心木門面櫥窗到店內裝飾，都是從王宮來的！王后自己時常來吃早餐，還委託師傅為年幼的阿方索十三世製作出一款「諫言餅乾」(Pastas del Consejo)，陪伴小國王度過冗長的朝臣進諫會議。

各式傳統節慶糕點是拿手招牌，現任糕餅主廚立志承先啟後，翻出了百年前以鵝毛筆寫成的食譜，把品項從50種做到超過200種，將老店經營成西班牙傳統甜點博物館，難怪王室至今還在下訂單！

1. 看這氣派，不愧為王室御用／ 2. 茶廳裡仍保存了古早的收銀機／ 3. 門面雖小但來客可不少／ 4. 櫥窗裡的各款糕點／ 5. 老店傳承至今，仍持續製作諫言餅乾

全世界最古老的餐廳

Restaurante Botín

百年烤乳豬餐廳：波丁

📧 botin.es／📍 Calle de Cuchilleros, 17／
🕐 每日13:00～16:00、20:00～24:00／
🚇 地鐵站Sol(1、2、3號線)、Opera(2、5、R號線)、Tirso de Molina(1號線)

歷史比美國還悠久！自1725年開業以來，持續營運將近3個世紀，連西班牙內戰期間也未曾停業，1987年獲《金氏世界紀錄大全》認定為世界上最古老的餐廳！2020年遭逢COVID-19世紀疫情，在西班牙封城政策下，短暫歇業3個月。即使如此，最珍貴的烤爐也未曾停火，每天都被「餵食」柴火，以維持溫度。

供應正統卡斯提亞料理，並遵循代代相傳的食譜。招牌菜是外酥內嫩的烤乳豬、來自塞哥維亞最優產區的烤羔羊，使用那座300年沒熄過火的鑄鐵烤爐，以冬青櫟樹的木柴燒烤而成。

餐廳裝潢保留完好，侍者服務極為優秀——經理看到我到處拍照，非但沒有制止，還領著我到廚房看柴火烤爐和炭火爐灶，展現老馬德里侍者的熱情風範。

美國大文豪海明威是頭號代言人，他當年固定坐在樓上的專屬桌位，吃烤乳豬、喝葡萄酒、寫作會友，甚至把餐廳和烤乳豬寫進了小說《太陽照常升起》(The Sun Also Rises，又譯為《妾似朝陽又照君》)裡！

1. 在地下室的地窖用餐別有風味／2. 櫥窗裡展示著金氏世界紀錄證書／3. 一人份的金字招牌烤乳豬／4. 廚師用300年沒熄火的柴火烤爐燒烤一盤盤的乳豬／5. 穿梭桌間送餐不間斷的侍者

since 1870

冬季來馬德里不吃這罐不上道

La Bola
百年馬德里燉肉菜豆鍋餐廳

🖥 labola.es／📍Calle de la Bola, 5／🕐週日～三可預約時段13:30、15:30，週四～六可預約時段12:00～21:30／🚇地鐵站Santo Domingo(2號線)

如果你想品嘗馬德里特色名菜燉肉菜豆鍋(Cocido)，這家餐廳正是城裡最具代表性的，問10個在地人有7個會推薦你吃這家！

老店用最傳統也最費時費力的方式煨煮這鍋菜—將各種優秀食材依照煮熟所需的時間順序，一一放入1人份的手工製瓦罐，使用冬青櫟樹木炭，罐罐以炭火慢煮4小時—150年前祖先如此烹製的古早味，150年後後人仍堅持這份心意和手藝。

鍋分兩道吃，都由侍者桌邊服務。第一道：熱騰騰的瓦罐上桌，侍者會將湯色紅豔的精華高湯倒進盛裝了小麵條的湯盤。老店使用阿斯圖里亞斯地區的紅椒臘腸，因此湯頭比其他餐廳更濃重。第二道：侍者會把罐裡的燉肉、臘腸、鷹嘴豆倒進盤裡，並夾來燉高麗菜，搭配解膩提味的自製番茄醬、青辣椒、生洋蔥。

1.大紅門面很好找，很難過門而不入／2.裝潢經典溫馨，氣氛適合家庭聚餐／3.瓦罐內都是精華／4.第一道：侍者桌邊服務，倒出精華高湯／5.第二道：燉肉、臘腸、鷹嘴豆、燉高麗菜

傳承百年的蛋黃杏仁醬老母雞

Casa Ciriaco
百年傳統馬德里料理餐酒館

📠 casaciriaco.es／📍Calle Mayor, 84／🕐
週二～六12:00～23:00，週日～一12:00
～16:00／🚇地鐵站Sol(1、2、3號線)、
Opera(2、5、R號線)

這家百年食堂位在主街尾端、距離王宮很近，集「傳統、經典、正統」等形容詞於一身，保存著西班牙傳統餐飲文化與經典餐酒館風貌，做的是最正統的馬德里地方料理！

推開門首先進入氣氛悠哉、吃 Tapas 的酒吧區，往裡頭進去有個較洋溢餐酒館風格的用餐區，再進去才是舉目所見皆經典、牆上掛滿繪畫與照片的餐廳區。

不論坐在那一區，來到貴寶地，不妨嚐嚐餐館傳承百年食譜、至今持續用心烹煮的馬德里正宗風味菜餚—在別處吃不到的「蛋黃杏仁醬煮老母雞」(Gallina en pepitoria)！

如果不想吃這道，老店的馬德里燉肉菜豆鍋也出名，馬德里燉牛肚、燉牛尾也都有做。而且每道菜餚都有種家常味，是那種會讓我想一再光顧的餐廳。

1.餐廳內部也是處處經典／2.老店門面「紅水黑大扮」—紅色漂亮、黑色大器／3.門面上就畫著一隻招牌老母雞／4.我第一次品嘗蛋黃杏仁醬煮老母雞，風味獨特

為正統馬德里料理下定義

Casa Paco

百年傳統馬德里料理餐酒館

📍 Plaza de Puerta Cerrada, 11／🕐 週二～六12:00～16:00、19:00～24:00，週日12:30～16:00，週一公休／🚇 地鐵站Tirso de Molina(1號線)、La Latina(5號線)

明信片般吸睛的紅配綠門面、精緻的木雕吧台、華麗的瓷磚牆面，種種深具馬德里風格的美感組合達到極致，讓這家餐酒館時常出現在介紹馬德里的雜誌和網站上。門前的廣場是每年狂歡節 (Carnaval) 最後一天，傳統遊行儀式「埋葬沙丁魚」(Entierro de la Sardina) 的起點。

每週二供應馬德里燉肉菜豆鍋，菜單上還有馬德里燉牛肚、碎蛋等傳統菜餚，以及被讚為馬德里最優秀的牛排！美國文豪海明威、以《賓漢》與《十誡》經典電影深入人心的奧斯卡影帝卻爾登·希斯頓 (Charlton Heston)，都曾在此享用過道地的美酒佳餚。

1. 紅配綠的門面在西班牙一點也不俗氣，廣場上的露天座位空間寬闊，相當討喜／2. 老酒館美麗的吧台和沁涼的生啤酒／3. 酒館的內部也和外部一樣吸睛／4. 老酒館是老客人午餐時喝一杯的老地方

1

2

3

4

since 1867

西班牙小酒館的完美典範

Bodegas Ricla
百年Tapas小酒館

📍 Calle de Cuchilleros, 6／🕐 週一～六
13:30～17:00、20:00～24:00，週日13:30
～18:00／🚇 地鐵站Sol(1、2、3號線)、
Opera(2、5、R號線)、Tirso de Molina(1號
線)

店面雖迷你，傳統小酒館該有的美學元
素無一不缺，鮮豔色彩、瓷磚吧台、陶甕酒
桶、老舊照片。本以「立食」為主，疫情後
店內外都擺起了高腳座位。有全城數一數二
好喝的香艾酒，和樣樣美好的 Tapas：馬德

綠色木門與手寫紅字，是屬於馬德里的配色

里燉牛肚、醋醃鰻魚、油漬鱈魚 (Bacalao en
aceite)、萊昂風乾牛肉 (Cecina de León)，每
道都一味入魂！

since 1909

逛完王宮後絕佳解渴去處

El Anciano Rey de los Vinos
百年甜葡萄酒餐酒館

🖥 elancianoreydelosvinos.es／📍 Calle
de Bailén, 19／🕐 週三～五與週一09:00～
01:00，週六～日09:00～02:00，週二公
休／🚇 地鐵站Opera (2、5、R號線)

老店位置優秀，正對著王宮和阿穆德納
聖母主教堂，是逛完偌大的王宮一帶後，歇
腿解渴的最佳解！內裝富麗堂皇，時鐘、長
柱、鏡面、吊燈、屏風、瓷磚，樣樣古意中

洋溢著異國情調的裝潢與飾件

見風華。點一杯招牌甜葡萄酒，店家會慎重
地送上一塊小餅乾，百年儀式不可或缺。

1

2

文人區
Las Letras

老城區黃金三角之三：
西班牙文學黃金時代的文學家社區

大街小巷都充溢文學氣息

　　文人區是 17 世紀西班牙文學黃金時代，許多偉大文學家來到首都時，選擇落腳定居的街區。在這個小區漫步，你會踩過鑲在街道上的文學作品金句，感受馬德里作為黃金時代文學重鎮，那股濃濃的文學氣息與文人遺風。

　　寫出世界文學經典《唐吉訶德》(正確譯名應為《吉訶德大人》(Don Quijote de la Mancha) 這部曠世巨作的大文豪塞萬提斯 (Miguel de Cervantes)、重量級戲劇大師羅培‧德‧維加 (Lope de Vega)、以及多位西班牙文學大師，都曾在此居住過！因此，此區許多街道都以文學家的名字來命名。你會走過塞萬提斯街 (Calle de Cervantes) 和羅培‧德‧維加街 (Calle de Lope de Vega)，塞萬提斯在馬德里的住所、**羅培‧德‧維加故居博物館 (Casa-Museo de Lope de Vega)**

3

1. 文學巨匠塞萬提斯的家，他曾居住於此，也逝世於此／2. 在塞萬提斯啤酒館喝小酒話家常的馬德里人／3. 低頭可見西班牙文學大家的名言佳句／4. 高級食材鋪 Casa González 的櫥窗精美誘人

4

都坐落在塞萬提斯街上。

經典小酒館如星羅棋布

或許是文人墨客總愛對酒當歌，文人區也是小酒館最密集的地帶之一！餐酒館林立的菜園街 (Calle de las Huertas) 是其心臟地帶，因此此區也被稱為菜園區 (Barrio de Huertas)。

如果你想體會馬德里庶民的社交樂趣，可沿著菜園街漫步，造訪裡外都美不勝收的百年餐酒館 Casa Alberto；轉進獅子街 (Calle del León)，到伍迪艾倫也來過的高級食材鋪 Casa González 喝杯葡萄酒配起司；再走往耶穌街 (Calle de Jesús) 拜訪 3 家經典：百年小酒館 Taberna de la Dolores、貓民酒館 Taberna Los Gatos 和塞萬提斯啤酒館 Cervecería Cervantes，感受在地人的熱力。

提醒一下：此區夜裡常有不少喝醉的外國遊客，以及在街上招客的餐酒館推銷員，多少破壞了老城的氣氛。好在推銷員不會苦苦糾纏，笑笑走過不傷大雅。

老城區最美麗的廣場

聖塔安娜廣場
Plaza de Santa Ana

地鐵站Sol(1、2、3號線)、Sevilla(2號線)、Antón Martín(1號線)

馬德里老城區裡最美麗的廣場之一,當你在彎曲狹小的街巷穿梭迷路後,來到此處會有突然柳暗花明的開闊感。

廣場中心有一大片露天座,豎立著西班牙詩人暨劇作家羅卡(Federico García Lorca)的雕像。四面被美麗的老建築物包圍:東側是自中古世紀即有劇作在此演出的西班牙劇院(Teatro Español);西側是雍容華貴接待過美國文豪海明威和眾多大咖鬥牛士的維多利亞女王旅店(ME Madrid Reina Victoria);西邊角落是外牆有著絕美瓷磚繪畫的佛朗明哥小酒館 Villa Rosa(已改名為 Tablao Flamenco 1911)。

此外,廣場南側有具歷史性的餐酒館,譬如:百年德國啤酒館 Cervecería Alemana、與廣場同名的聖塔安娜啤酒館 Cervecería Santa Ana,後者菜單豐富選擇多,是遊人旅客覓食的好地點。

1. 西班牙劇院是世界上最古老的劇院之一 / 2. 西班牙詩人暨劇作家羅卡的雕像豎立在廣場上 / 3. 夜裡的廣場熱鬧非凡,露天座坐滿人 / 4. 我常帶訪客來聖塔安娜啤酒館用餐

獨一無二的雪莉酒體驗

La Venencia
雪莉酒小酒館

📍Calle de Echegaray, 7／🕐每日12:30～15:30、19:30～24:00／🚇地鐵站Antón Martín(1號線)、Sevilla(2號線)、Sol(1、2、3號線)／⁉️酒館內請勿拍照

全城最古老、最有個性的雪莉酒「專賣」酒吧。如果你想體驗 30 年代西班牙內戰的氛圍，在此還可嗅到一絲絲肅殺的氣氛。內戰時曾是左派共和軍的集會地點，當時為《北美報業聯盟》報導戰況的海明威也常來此收集前線消息。

當年訂定的酒吧規矩沿用至今，包括：不得拍照，以免法西斯間諜指認迫害共和軍

── 海明威的馬德里 ──

美國文豪海明威是馬德里的大粉絲，他曾在 20 年代至 30 年代、50 年代至 60 年代不斷因為工作或個人因素來訪和居住，並將馬德里放入他的小說場景。他嗜酒如命，在馬德里許多餐館和酒吧都留下身影。如果你想追隨他的腳步，除了造訪百年德國啤酒館 Cervecería Alemana 和雪莉酒小酒館 La Venencia 以外，也可收集奧地利區的百年烤乳豬餐廳 Restaurante Botín、雀卡區的傳奇雞尾酒吧 Museo Chicote。

人；不收小費，因為共和派人士深信工人階級皆平等。最老派的是，侍者至今還用「粉筆」在吧台木桌上記帳，等到客人買單後才用手擦掉。

1.小酒館的白天，裡頭看起來是黑不見底／2.小酒館的黑夜，打著燈光原來熱鬧非凡

在地人愛喝的桑格利亞水果酒

Las Curvas de Sésamo

芝麻地窖鋼琴酒吧

📧 lascuevasdesesamo.com／📍Calle del Príncipe, 7／🕐週二～日18:00～03:00，週一18:00～02:00／🚇地鐵站Sevilla(2號線)、Sol(1、2、3號線)

1

雖然我在《馬德里飲品百科》提過，當地人並不常喝觀光客愛喝的桑格利亞水果酒(Sangría)，但不思議的馬德里還是有例外，這個神祕又魔幻的地窖酒吧正是！

非來不可的原因，不只是為了味道濃郁深沉的桑格利亞水果酒，還為了每晚的現場鋼琴演奏。最特別的是，這家小酒館位在殘破古舊彷彿內戰期間的地窖裡，傳統中帶著一股超現實的奇幻感，更保有一種50年代的文學與藝術精神。

從老派的文藝人士到年輕的文青潮人，都愛來這緬懷老馬德里獨有的味道，氣氛總是越晚越嗨、越夜越美麗。

1. 用小矮杯喝桑格利亞水果酒最有 Feel／2,3.地窖的氛圍古老而奇異，引人入勝／4. 在欣賞鋼琴師的演奏時，不妨打賞一點小費

2

3

since 1901

全球風雲人物都愛的西班牙時尚

Capas Seseña
百年斗篷店

🌐 sesena.com / 📍 Calle de la Cruz, 23 / 🕐 週一～六10:30～15:00，週日公休 / 🚇 地鐵站Sol (1、2、3號線)

斗篷在歐洲的歷史悠久，是19、20世紀馬德里紳士的流行指標，30年代起也蔚為馬德里女士的時尚單品。這家百年家族企業目前由第四代經營，設計上引進了較新潮的款式，但堅持使用傳承百年的剪裁與縫製工法，手工製作每件斗篷。

他們家最厲害的是，愛用者除了西班牙皇室外，還包括全球文學、電影、音樂、政商界的重量級人物，譬如：英國首相邱吉爾、法國傳奇女星凱薩琳丹妮芙、西班牙超現實電影導演布紐爾、義大利國寶級電影導演費里尼、麥克傑克森、希拉蕊·柯林頓、亞馬遜創辦人貝佐斯等。西班牙大作家塞拉 (Camilo José Cela) 領取諾貝爾文學獎時穿的是他們家的斗篷，畢卡索死時也是穿著他們家的斗篷埋葬！

如果你還以為斗篷是屬於老派歐洲的流行、歷史電影裡才會出現的服裝，在到店參觀前，不妨先上他們家的網站瞧瞧，保證你會被百年斗篷的時尚指數燒到。

1.舊時的品牌視覺設計也很有特色／2.精緻的門面超脫了馬德里的老店美感標準

一整年都吃得到耶誕限定甜點

Casa Mira
百年杏仁糖磚專賣店：米拉之家

🌐 casamira.es／📍Carrera de San Jeróni-mo, 30／🕐週一～六10:00～14:00、17:00～20:00，週日10:30～14:30、17:30～20:30；6月和9月週日公休，7～8月休假／🚇地鐵站Sol（1、2、3號線）、Sevilla(2號線)

金字招牌是西班牙家庭耶誕節必備的應景甜點杏仁糖磚(Turrón)，口味百年流傳。除了夏天休長假以外，一年到頭都有賣，任何時節來都品嘗得到。老店特色如下：

● **口味應有盡有**：不論是口感綿密以磨碎杏仁做成的軟糖磚(Turrón de Jijona，又名Turrón blando)，或是口感像牛軋糖吃得到杏仁顆粒的硬糖磚(Turrón de Alicante，又名Turrón duro)，乃至烤蛋黃、榛果、水果、巧克力、椰子、焦糖杏仁(Guirlache)等各種口味都有。

● **糕點選擇多多**：其他耶誕應景甜點如杏仁糖鬆(Polvorón)、杏仁甜糕(Mazapán)也有賣，還有各種傳統甜點，以及色彩繽紛的糖漬水果。

● **陳列精美用心**：華麗又優雅的旋轉甜點展示架，行人都目不轉睛。

● **復古買賣流程**：如果你要買Turrón，大嬸小哥會問你要買多大塊，切好後很傳統地用紙包裝，稱重後將價格寫在小紙條上，請你去結帳窗口付錢。

1.耶誕節前總是擠滿了來購買杏仁糖的人潮／2.令人目眩神迷的旋轉甜點展示架／3.老練的店員忙著將糖磚切塊、包裝

老城區天字第一號最老酒館

Casa Alberto
百年餐酒館：阿爾貝托之家

🔖 casaalberto.es／📍 Calle de las Huertas, 18／🕐 **酒吧區**：週二～六12:00～24:00，週日12:00～16:00；**餐廳區**：週二～六13:30～16:00，20:00～23:00，週日13:30～16:00；週一公休／🚇 地鐵站Antón Martín(1號線)、Sevilla(2號線)、Sol(1、2、3號線)

再過幾年就要慶祝200歲生日的老酒館，是貨真價實的馬德里庶民生活歷史博物館！從門外到門內，每個細節都有著濃得化不開的歷史感。

推開經典的紅木門面，古典吊燈、雕花牆緣、古早酒櫃、老收銀機、古董掛鐘，從酒吧區延伸到餐廳區整片牆滿滿的照片繪畫與報導，舉目都是古色古香的風景，彷彿凝結了時光！我最愛手工打造的鋅金屬吧台、華麗的瑪瑙吧台，以及曾祖父等級的金銅色Mahou生啤酒酒龍頭。

面子好看外，老店的裡子也很硬！以傳統馬德里美食—馬德里燉牛肚和燉牛尾聞名全城，老侍者特別向我推薦他們家的招牌甜點—香炸麵包(Torrijas)。裝潢精美絕倫、大餐小菜都有、侍者幽默熱情，真心認為這是老城區裡最值得造訪的百年餐酒館！

1.餐廳區帶你穿越時空200年／2,5.店裡處處細節，無一物不古老精緻／3.大紅門面是經典小酒館必備元素／4.吧台區氣氛熱絡，侍者熱情地與客人聊天

since 1904

海明威最愛的啤酒館

Cerveceria Alemana

百年德國啤酒館

cerveceriaalemana.com / Plaza de Santa Ana, 6 / 週日～四11:00～00:30，週五～六10:00～02:00 / 地鐵站Antón Martín(1號線)、Sevilla(2號線)、Sol(1、2、3號線)

雖然名叫「德國啤酒館」，也賣西班牙和歐洲各地的啤酒；但若你想吃德國料理，在此只能找到德國香腸，菜單上清一色都是馬德里和卡斯提亞傳統料理。那麼為什麼叫做德國啤酒館呢？

百年前的馬德里，葡萄酒比啤酒普及，有群德國工業家想要有間類似德國南部巴伐利亞啤酒館的地方可享用啤酒，於是開了這家啤酒館，並獲得空前的成功。

此地50年代時星光熠熠，除了熱愛鬥牛的美國文豪海明威愛來和鬥牛士好友們把酒言歡外，好萊塢一代妖姬、性感女神—女明星愛娃·嘉德納(Ava Gardner)在馬德里定居時，也常和她當時的愛人—西班牙傳奇鬥牛士路易斯·米格爾·多明金(Luis Miguel Dominguín)來此度過歡樂時光。

儘管傳奇已逝，但啤酒館裡仍然高掛著海明威的肖像，供來客憑弔與懷舊。

1.內部是經典簡樸的啤酒館風格 / 2.古樸的門面迎接過好幾位上個世紀最有魅力的人物 / 3.站在吧台小酌，近距離觀賞侍者工作 / 4.來到啤酒館當然要喝杯生啤酒

集西班牙小酒館精髓於一身

Taberna de la Dolores
百年小酒館：桃樂絲

📍 Plaza Jesús, 4／🕐 每日11:00～24:00／🚇 地鐵站Antón Martín(1號線)、Estación del Arte (1號線)、Sevilla(2號線)

門面的瓷磚藝術設計感非常吸睛！當你被好奇心驅使踏進門，更會立馬愛上裡頭深色木造的溫暖氛圍、滿布酒櫃的幽默陶瓷啤酒杯收藏、貼滿牆面的趣味古早啤酒海報。

最重要的是，這家老店拉的生啤酒，可是城裡數一數二出名的！你可以選擇經典小杯 Caña、雙倍大杯 Doble，或是難得一見的 Mahou 牌經典白色陶瓷大杯 Barro，通通新鮮沁涼到深度刷洗靈魂深處！

想來點 Tapas 下酒的話，老店有許多美味的小點 (Canapés)，口味多多，包括：橄欖油漬鱈魚、鴨肉火腿、醃漬鯡魚 (Arenque)、煙燻鮭魚等，全是家常好味道，價格合理親民，保證一試成主顧！

1. 瓷磚牆面上拼寫著：葡萄酒、新鮮啤酒和 Tapas／2. 老店收藏許多傳統陶瓷啤酒杯／3. 吧台的生啤酒每到週末都拉不停歇／4. 鱈魚和鯡魚的 Canapés

Madrid

活力
拉丁區
La Latina

＋

多元
拉瓦皮耶斯區
Lavapiés

分區地圖

老城區南邊兩大台柱：
馬德里最富傳統、最有活力的街區

拉丁區和拉瓦皮耶斯區位在老城區南邊，兩區之間以大使街 (Calle de Embajadores) 相隔。

拉丁區是馬德里生活況味最佳代表

拉丁區是全馬德里最有活力、魅力、和老城生活味的小區！雖亞洲遊客較不常踏足此區，卻是我個人的最愛！小區名稱來自於西班牙 15 世紀最博學的女子碧翠絲·加連多 (Beatriz Galindo) 的暱稱——「拉丁人」(La Latina)，她是拉丁語學家、作家、人文主義者，也曾擔任女王伊莎貝爾一世和其子女的教師。

此區過去是馬德里的城郊，特色在於自中世紀所留存下來的——蜿蜒曲折有如迷宮般的老街和階梯、曾作為糧食買賣的所在地如**大麥廣場 (Plaza de la**

1.「酒吧一條街」低酒窖街的週末熱鬧卻悠哉／2.拉丁區生活風景：樓上曬被單、樓下小酒館／3.週末來拉丁區泡的人兒可不少／4.拉丁區的馬車廣場 (Plaza de los Carros) 上悠哉的人與狗

Cebada) 和稻草廣場 (Plaza de la Paja) 等綿綿相連的廣場，以及舉目所見紅、橙、黃、粉紅等暖色系的建築物、全城最有味道的傳統小酒館。當然，還有全國最知名的露天跳蚤市場 El Rastro！我個人最喜歡的散步路線是，從奧地利區滿是古老地窖餐館的**刀匠街 (Calle de Cuchilleros)** 一路往南走下來，過個馬路進入拉丁區最傳奇、最熱鬧的**低酒窖街 (Calle de la Cava Baja)**。

話說西班牙在 1561 年定都馬德里後，來自大江南北的人馬都來到首都貿易和謀生，客棧因此紛紛開業，為長途跋涉的旅人提供過夜和用餐的歇腳處。

這條狹小的老街在 17 世紀曾為「客棧一條街」，當時客棧雲集，旅人在此下榻交流；現在則是馬德里人最愛的「酒吧一條街」，週末會舉家出動呼朋引伴來此聚餐飲酒。

如今，低酒窖街除了已轉型為傳統燒烤餐廳的百年客棧 Pasada de la Villa 以外，還有兩家百年客棧：金獅客棧 (Posada del León de Oro) 與龍客棧 (Posada del Dragón)，都仍以旅館形式營業中。

拉瓦皮耶斯區是移民群聚的文化熔爐

拉瓦皮耶斯區的名稱直譯是「洗腳」(Lava-piés) 的意思,據說是因為從前有座可供城民洗腳的大噴泉而得名。傳說中曾為馬德里的猶太人社區,現在則聚集了許多外來移民社群,非洲、中東、印度、巴基斯坦、華人文化在此交融,是馬德里市中心民族色彩最多元的社區!

此區以為數不少的戲院影院和藝文中心如**菸草公司藝術展覽場 (Tabacalera)** 和**著火之屋 (La Casa Encendida)**、超有 Local 特色而且總是熱力四射的**安東馬丁市場 (Mercado de Antón Martín)** 和**聖費南度市場 (Mercado de San Fernando)**、遍布街巷的特色雜貨店與個性小酒館、充滿異國情調的印度料理餐廳等,吸引各年齡層來此走跳,感受異文化的洗禮。

安東馬丁 (Antón Martín) 捷運站和同名市場一帶,由於有座隸屬於西班牙電影資料館的**金色電影院 (Cine Doré)**,獨立書店和藝文咖啡館也不斷開枝落葉,是左膠青年與影

6

1.拉瓦皮耶斯區的廣場總是熱鬧滾滾／2.拉瓦皮耶斯區有各地移民開的食品香料雜貨店／3.拉瓦皮耶斯區是個色彩繽紛的社區／4.卡斯科羅廣場(Plaza de Cascorro)上露天座一位難求／5.走在拉瓦皮耶斯區，轉角就會遇見街頭壁畫藝術／6.拉瓦皮耶斯區的小街風情／7.兩個小區的共同點：狗主人都愛帶狗兒上酒吧(笑)

癡文青最愛出沒的地點。但請注意：拉瓦皮耶斯(Lavapiés)和Tirso de Molina這兩個捷運站及其同名廣場一帶，環境複雜、治安較差，強烈建議不要在晚間來，即使白天來也務必保持警覺、留意財物喔！

7

繽紛多彩糖果店
Caramelos Paco
五花八門派對用品店
Fiestas Paco

　經過這兩家店很難不停下來行注目禮！店名都叫做Paco，同一個老闆，一家專賣糖果，一家專賣派對服飾、面具和道具。前者櫥窗裡的糖果繽紛多彩到像萬花筒，後者所陳列的面具五花八門既恐怖又幽默。1934年創立至今，仍在提醒馬德里城民莫失童心。

📍 **Caramelos Paco:** Calle de Toledo, 53-55
　Fiestas Paco: Calle de Toledo, 62

1

1.糖果店亮黃色的門面和萬花筒般的櫥窗／2.派對用品店的面具醜怪到有點搞笑

歐洲最大的露天市集之一

露天跳蚤市場
El Rastro

📍以卡斯科羅廣場(Plaza de Cascorro)為中心，一路向南沿著Calle de Ribera de Curtidores街延展，以托雷多街(Calle de Toledo)、大使街(Calle de Embajadores)、Ronda de Toledo街這3條街圍成的三角形為主要範圍／🕐週日09:00～15:00／🚇地鐵站La Latina、Puerta de Toledo(5號線)、Embajadores(3、5號線)

歐洲最大的露天跳蚤市場之一，馬德里最具城市個性和市民文化的代表景點，用我的話來說就是最有馬德里的味道啦！歷史超悠久，1740年就有文獻記載市集的存在；腹地超廣大，每週日上午都有超過1,000個攤販大張旗鼓、摩拳擦掌、熱鬧擺攤。

疫情前總是人山人海，老中青三代馬德里人都愛來此閒逛；疫情後吸引了更多的年輕族群前來挖寶。雖然水泄不通，氣氛卻是悠閒自在，可悠然自得地逛！

市集裡有新貨也有二手貨，手工藝品和復古物件都找得到。主要大街Calle de Ribera de Curtidores街上的攤位比較商業化，我建議大街逛完後，可轉戰周遭街道和廣場，鑽進古董家具行、漫步古物滿溢的巷弄，才能體會市集的無所不包！

千奇百怪的玩意兒都有賣：復古家具、老電器、古董、舊書報、二手服飾、軍事配件；各種古物更是琳瑯滿目：鍋碗瓢盆、舊瓷器、老玩具、二手相機、古董鐘錶、裝飾品等。每次來逛都有新的驚奇，處處都是奇異風景！

1,2.雖然市場人潮洶湧，但有綠樹成蔭，氣氛很悠哉／3.主要大街上可買到伴手禮如：衣服、草編鞋、扇子、海報等／4.陳舊的鬥牛士雜誌買回家裱框，就是超酷的旅行紀念品／5.轉進小街裡，更能體會拉丁區和跳蚤市場加乘的風情／6,7.小巷弄裡滿店、滿地、滿桌無奇不有的古物雜貨／8.隨性所致卻充滿藝術感的街景，正是我最喜愛的 El Rastro

雖然很多寶看得到、帶不走，但喜歡古物雜貨、想體驗跳蚤市場氣氛的話，非常值得來轉一圈。幾點提醒：

● 安排行程時切記，此市集「週日限定」。現在雖然也加辦「週六版本」，但不是每週六都舉行，且規模有限。

● 下午 3 點左右，攤販就會紛紛收攤，逾時不候。

● 市集人多擁擠，時有扒手出沒，包包記得背前面，別逛得太開心而失去警覺心喔！

● 逛市集的另一個樂趣就是邊逛、邊吃、邊喝，跟咱們逛夜市一樣的道理！

1,2. 疫情後重生的跳蚤市場，吸引了更多年輕人前來尋寶

逛市集必吃

鐵板沙丁魚小酒館
Bar Santurce

◎ Plaza del General Vara del Rey, 14

馬德里人不像沿海地區，沒有吃沙丁魚的傳統，要在餐館吃到沙丁魚不易。如果你想品嘗沙丁魚獨特的苦甘味，一定要來這家傳統立食小館。店外 20 公尺就聞得到沙丁魚的香氣，老闆強力推薦搭配一盤小青椒 (Pimientos de Padrón)。

逛市集必吃

立吞開放式三明治排隊名店
El Capricho Extremeño

◎ Calle de Carlos Arniches, 30

如果你發現某家店外 20 公尺範圍內，有一群人或靠牆站著或席地而坐、人手一片開放式三明治 (Tostas) 外加一杯桑格利亞水果

酒 (Sangría)，那就代表你來到這家排隊名店了！專賣開放式三明治，共有多達 23 種口味，包括：章魚、鮭魚、鱈魚、鯷魚、蝦子、火腿、臘腸、烘蛋、起司、番茄、野菇等，不過這裡的三明治不是文青咖啡店的美美版本，而是料爆多很滿很厚的庶民版本！桑格利亞水果酒又濃又醇，老板撒肉桂粉不手軟，是家很豪邁的店！

醃漬食品柑仔店
Aceitunas Jiménez

📍 Calle de las Amazonas, 14

迷你小店賣的是各式各樣的醃漬品 (Encurtidos) 如橄欖、茄子，以及各種醃漬串 (Banderillas)。任君挑選，老板會把你挑好的裝進紙杯裡，方便你一邊逛市集一邊吃。番茄冷湯 (Gazpacho) 也貨真價實，同樣會裝在紙杯裡讓你帶著喝。夏天逛跳蚤市場逛到頭昏腦脹時，吃點醃漬小點，醒腦又開胃，是午餐前必停的一站。

1. 小店很有我們柑仔店的 Feel ／ 2. 一整桌的醃漬小點排排站

1. 店裡店外都人聲鼎沸／ 2. 三明治用料超級無敵澎湃

大聖方濟各聖殿
Real Basílica de San Francisco El Grande

(地址) Calle Gran Vía de San Franscisco, 19／
(時間) **教堂**：每日08:00～10:30、週日10:00
～13:30、18:30～20:00；**美術館**：週二～六
10:30～12:30、16:00～18:00，夏季10:30
～12:30、17:00～19:00／(費用)門票5€／(交通)
地鐵站La Latina、Puerta de Toledo(5號線)

新古典主義的大教堂有座直徑33公尺、
高58公尺的大圓頂，是西班牙最大、歐洲
第四大的圓頂建築！列為西班牙國家文化遺
產，卻在馬德里知名景點中排不上邊。雖然
與世無爭，裡頭可收藏了大量西班牙藝術家
的傑作。

金色電影院
Cine Doré

(地址) Calle de Santa Isabel, 3／(時間)**售票亭**：冬
季16:30～終場放映前，夏季(6月16日～9月
15日)17:30～終場放映前；**電影書店**：週二～
日11:30～14:30、17:00～21:00；**咖啡廳**：
週二～日16:00～22:30；週一皆公休／(交通)地
鐵站Antón Martín、Tirso de Molina(1號線)、
Lavapiés(3號線)

1923年開幕，80年代差點被改建成辦
公樓，在藝文人士反對下被保存下來，如今
由西班牙電影資料館(Filmoteca Española)經
營。一年到頭播放世界電影，從費里尼到布
紐爾、從侯孝賢到小津安二郎，甚至曾舉辦
蔡明亮影展。也曾出現在阿莫多瓦的電影
《悄悄告訴她》和《痛苦與榮耀》裡！影氣
爆棚的電影書店和咖啡廳，保證影癡瘋狂！

老國王最愛的平民料理傳奇餐館

Casa Lucio
碎蛋餐酒館：盧西奧之家

casalucio.es ／ Calle de la Cava Baja, 35
／ 每日13:00～16:00、20:00～23:45，8
月公休／地鐵站La Latina (5號線)

位於「酒館一條街」，創辦人盧西奧 (Lucio) 老先生憑一道平民料理收服了西班牙前任國王璜·卡洛斯一世 (Juan Carlos I)，成為舉國聞名的傳奇餐館。不需要米其林加持，就吸引各國政要、好萊塢明星紛紛造訪，只為品嘗家常不過卻黯然銷魂的招牌菜「碎蛋」(Huevos estrellados)。

我在《馬德里傳統菜餚》有介紹，碎蛋又稱破蛋，就是馬鈴薯加雞蛋。如此平凡的食材，何以一道碎蛋名震天下？正因堅持嚴選品質優秀的食材，馬鈴薯炸得綿密酥香，荷包蛋煎得黃金四溢，將一道平實無華的傳統料理提升到藝術的程度。連我這個不愛吃馬鈴薯的人，也在此理解了馬鈴薯的美感。

如果你想吃頓傳統料理、感受經典食肆，這裡絕對是你的首選！如果你是馬鈴薯控、不熟蛋控，那你更不能錯過吃了就回不去的傳奇碎蛋！沒訂到位？斜對面的小酒館盧西奧的蛋 (Taberna de Los Huevos de Lucio) 也是他們家的，一樣吃得到碎蛋。

1. 招牌菜碎蛋集香、酥、滑、嫩於一盤／ 2. 帶骨肋眼 (Chuletón) 和沙朗 (Solomillo) 牛排都很棒／ 3. 低調的木門口總有人進人出／ 4. 酒吧區的氣氛熱絡，百分百馬德里 Feel

Marisquería La Paloma

海鮮小食酒吧

Calle de Toledo, 85 / 週一～二和週四～日12:00～16:00、19:00～23:00，週三公休 / 地鐵站La Latina (5號線)

的人客、拉不停的生啤酒。立食在這裡是一種儀式，地上滿布的垃圾則是生意興隆、門庭若市的證明。

專做海鮮料理，烹飪方式就是生食、水煮、鐵板這3種，吃食材「原味」就對了！老闆每晚都向鄰近的大麥市場裡熟識的魚販訂購產地直送的新鮮食材，必吃的招牌菜是：來自加利西亞的鮮脆生蠔、來自韋爾瓦(Huelva)的白蝦、自家醃漬的鰻魚。

馬德里老饕都知道，週日來逛跳蚤市場前後，想吃點新鮮又平價的海鮮、喝杯拉得好的生啤酒的話，一定要來這家1960年代開立的傳統海鮮小酒館！

和所有經典的小食酒吧一樣，沒有過多的裝飾，只有到位的服務、輕鬆的氣氛、熱絡

1.週日遇上跳蚤市場，酒吧一處站位也難求 / 2.地上的餐巾紙、牙籤、蝦殼是生意好的證明 / 3.有酒有蝦，夫復何求 / 4.生啤酒是馬德里在地的「雕牌」啤酒 (El Águila) / 5.吧台前的人客們摩肩接踵

Bar El Boquerón
海鮮小食酒吧

⊙ Calle de Valencia, 14／🕐 週一～二和
週四～六12:00～16:00、19:00～23:00，
週日12:00～16:00，週三公休／🚇 地鐵站
Embajadores (3、5號線)、Lavapiés(3號線)

同樣專做海鮮料理，以簡單直接的烹調
方式處理食材。酒吧空間不大，少少幾張桌
子，立食更有感覺。2019 年被美食旅遊家、
部落客、KOL 等世界各地 Foodie 青睞的另
類餐廳評鑑指南 OAD(Opinionated About
Dining) 選入「歐洲輕鬆美食清單」(Europe
Gourmet Casual) 的第 95 名！

但你千萬別因此以為這是家假掰的店，他
就是家經典的鐵板小酒館，大廚在你前方輕
鬆寫意、毫不炫技，但又神乎其技地用一方
鐵板變出各種美味的鐵板蝦料理。來的都是
懂吃的老馬德里人，吃他的食材新鮮與火候
精準。

幾乎道道都是招牌，生蠔、藤壺、醋醃鯷
魚、鹽漬鯷魚、鐵板甜蝦、鐵板螯蝦、鱈魚
下巴等，全都吸引人！搭配幾杯拉得絕佳的
生啤酒，三五好友邊吃邊聊，簡直人生一大
爽事！

1. 酒館裡的饕客開心地享用著美食與美酒／2. 點酒
送的醋醃鯷魚，吃得出是店家自己醃的／3. 鐵板白
蝦 (Gambas a la plancha) 是愛蝦人必點／4. 鐵板螯蝦
(Cigalas a la plancha) 光看就流口水

老戲院咖啡館搖身爲文青最愛

Café Pavón
吧夢咖啡館

📍Calle de Embajadores, 9 / 🕐週一～四
10:00～02:00，週五～六10:00～02:30，
週日10:00～01:00 / 🚇地鐵站La Latina(5號
線)、Tirso de Molina(1號線)

就像電影裡會出現的歐陸咖啡館景色

本是1925年開幕、馬德里第一棟完全
以裝飾藝術風格(Art Deco)建成的吧夢戲院
(Teatro Pavón)附屬的咖啡廳，2015年重新
裝修開幕。餐飲新舊交融，早餐咖啡、啤酒
小菜、蔬食沙拉、各種調酒都有供應。宛如

電影場景的裝潢：大片玻璃窗、鋅金屬圓弧
形吧台、裝飾風木頭天花板，成為最常被雜
誌和網紅取景拍照的咖啡館！

情色電影院蛻變爲潮空間

Sala Equis
食尚酒吧 & 藝文影院

🌐salaequis.es / 📍Calle del Duque de Alba,
4 / 🕐週一～五17:30～01:00，週六～日
12:30～02:00 / 🚇地鐵站La Latina(5號線)、
Tirso de Molina(1號線)

本是馬德里最後一間「成人電影院」，現
在則是很潮的複合空間，集結電影放映、音
樂表演、美食調酒等功能於一處！仍有股讓
人不好意思光天化日推門入內的興奮感，穿
越黑漆漆的走道後，裡頭有座自然光流灑、
爬滿綠色藤蔓、掛著大螢幕的工業風中庭；
也有座播放世界藝術電影、影史經典作品的
迷你影廳，影癡文青一定對味！

1.從前成人電影院隱密的售票口仍被保留著 / 2.中
庭氛圍輕鬆自在，巨大電影屏幕懸掛在吧台上

百年老店巡禮

since 1875

週六限定的海鮮大排檔

Mercado de la Cebada

百年市場：大麥市場

◎ Plaza de la Cebada, s/n／⊙ 週一～五 09：00～14：00、17：30～20：30，週六09：00 ～20：00，每月第一個週日11：00～17：00 ／◎ 地鐵站La Latina(5號線)

這座傳統市場除了有百年歷史、更以 6,000平方公尺大的面積，躋身馬德里最大 的市場之一。但對食客來說，不可不知的是 市場每週六午餐時段推出的「海鮮大排檔」！ 歐洲也有大排檔？不思議的馬德里就有！

其實大排檔是我叫的，現場並沒有熱炒， 有的是一排排的魚販海鮮攤現場販賣起一盤

盤生食或水煮海鮮，老板夥計個個使出渾身 解數應付川流不息的客人，將產地直送的新 鮮平價海產漁獲一盒盒端出來。

來客大啖海鮮，搭配沁涼的啤酒或白酒， 或坐在臨時座位區、或豪邁地站著吃，每週 六都是一場海鮮嘉年華派對，現場氣氛熱鬧 滾滾就像夜市，讓你有回到台灣熱炒店的親 切感，但這可是馬德里道地的飲食風情！

1. 人手一盤海鮮、一瓶啤酒，享受海鮮嘉年華／2. 背 景中色彩繽紛、造型獨特的建築物就是大麥市場／ 3. 市場週六熱鬧的程度和咱們的夜市一樣／4. 一盤 盤新鮮又平價的魚蝦貝類

男女老少都挑得到鞋

Calzados Lobo
百年鞋店

calzadoslobo.com／ Calle de Toledo, 30／ 冬季(9/15～6/15)：週一～五09:30～14:00、16:30～20:00，週六10:00～14:00，週日公休；夏季(6/15～9/15)：週一～五09:30～14:00、17:00～20:30，週六10:00～14:00，週日公休／ 地鐵站La Latina(5號線)、Tirso de Molina(1號線)

紅到在台灣網路都買得到的西班牙國民草編鞋品牌本店，店門就如許多馬德里經典老店一樣，以大紅色召喚客人注目！

除了時尚人士夏天必備的百搭草編鞋(Alpargatas)外，來自地中海小島的皮革涼鞋(Ibicenca 或 Menorquina)是我個人最愛的夏季便鞋。

男性可看看西班牙男子的秋冬百搭聖品—西班牙文暱稱為「踩便便鞋」(Pisacacas 或 Pisamierdas) 的狩獵短靴。

店裡還有娃娃鞋、芭蕾舞鞋、佛朗明哥舞鞋、功夫鞋等，各種傳統鞋款一應俱全。

老店賣的所有鞋子都是 Made in Spain，堅持供應具有原創性和手工技藝的鞋款，但價格仍然平實親民，一旦進門，保證你滿載而歸！

1. 老店亮紅色的門面鮮艷顯目／
2. 櫥窗裡各式各樣各形各色讓人選擇困難的草編鞋

since
1642

不上山也吃得到烤羔羊

Posada de la Villa
百年客棧

📧 posadadelavilla.com／📍Calle de la Cava Baja, 9／🕐週一～六13:00～16:00、20:00～24:00，週日13:00～16:00／🚇地鐵站La Latina(5號線)、Tirso de Molina(1號線)

統料理為主打的餐廳，招牌菜是以古式阿拉伯柴火烤爐燒製的烤羔羊和馬德里燉肉菜豆鍋 (Cocido)。

餐廳區很龐大，共可容納超過 200 位客人。如果不想用餐，可在酒吧區小酌，老客棧贈送 Tapas 出手豪邁。來此打牙祭可感受百年客棧風情，遙想 17 世紀時南來北往的旅人在此匯集交流的熱鬧情景。

曾為馬德里唯一一座麵粉磨坊，1642 年轉變為客棧，為長途跋涉到首都來的旅人們提供過夜和用餐的歇腳處。1980 年修復成功，轉型成以卡斯提亞高原燒烤和馬德里傳

1.客棧側門外有露天座位區／ 2.百年客棧古樸的木門／ 3.點生啤酒獲贈：大蒜美乃滋馬鈴薯、炸羊排骨／ 4.廚師使用阿拉伯柴火烤爐燒烤招牌的烤羔羊

馬德里炸魷魚第一把交椅

Bar El Pescador
百年炸魷魚酒吧

📍 Ronda de Toledo, 2／🕐 07:00～24:00，
週四公休／🚇 地鐵站Puerta de Toledo(5號線)

落在拉丁區邊緣的托雷多門圓環 (Ronda de Toledo) 上，雖然不位在市中心的炸魷魚三明治一級戰區，但為了吃他們家的炸魷魚而不遠前來的饕客可多了！如果啃不下棍子麵包，或是不想用麵包佔據胃腸空間，可直接單點一盤炸魷魚，享受跟吃鹽酥雞一樣的爽感！

除了炸魷魚，也有炸鰻魚、醋醃鰻魚，以及各種傳統小吃，譬如：馬德里蝸牛、辣醬馬鈴薯，甚至也供應加利西亞章魚。

店內 U 型的大吧台很特別，店外的一大片露天座位全年開放， 夏天時一位難求。想要體會馬德里人乘著夏夜晚風、一口炸魷魚、一口冰啤酒的滿足感，值得來此跟當地人搶位子。

1. 夏夜的露天座位區熱鬧滾滾／2. 店門寫著：拿手菜魷魚，可單點一盤、也有三明治／3. 招牌菜炸魷魚／4. 老店位在交通要衝托雷多門旁

since 1857

馬德里老饕愛吃的炸鱈魚

Taberna Oliveros

百年炸鱈魚餐酒館

🌐 restauranteoliveros.es／📍Calle de San Millán, 4／🕐週二～日14:00～23:00，週一公休／🚇地鐵站La Latina(5號線)、Tirso de Molina(1號線)

　　鮮明又可愛的門面令人過目不忘，是拍攝旅行美圖好地點！那片吸眼球的瓷磚繪畫上面寫著 PARA COMER BIEN Y BARATO SAN MILLÁN 4，意思是：「要吃得好又吃得便宜，請到 San Millán 街 4 號」──正是老店所在。

　　店裡四面八方都是精美絕倫的瓷磚牆面，必吃的招牌小吃是麵皮炸得酥脆的炸鱈魚。雖然不像太陽門 - 格蘭大道的百年老店 Casa Labra 那樣紅翻天，但也有許多老饕支持。

　　創始人來自阿斯圖里亞斯大區，因此除了馬德里傳統料理外，也可吃到該區的地方料理，譬如：阿斯圖里亞斯燉白豆 (Fabada)、阿斯圖里亞斯炸牛排 (Cachopo)。

1. 超適合拿來印成明信片的紅木門面與彩繪瓷磚／2. 瓷磚、椅子、桌巾的配色風格強烈／3. 訴說著歷史故事的吧台／4. 香酥可口的招牌小吃炸鱈魚

一位難求的燉肉菜豆鍋

Malacatín
百年燉肉菜豆鍋餐酒館

malacatin.com／Calle de la Ruda, 5
／週日～二11:00～18:00，週三～六
11:00～23:00／地鐵站La Latina(5號
線)、Tirso de Molina(1號線)

這家百年老店的馬德里燉肉菜豆鍋是城裡老饕們的最愛，也是我吃過的燉肉菜豆鍋名店中，鷹嘴豆燉煮得最入味、最飽滿的！由於餐廳不大、座位不多，週末去保證人滿為患，沒訂位鐵定鎩羽而歸。

好在老闆佛心來的，吧台竟然可以點Tapas版的燉肉菜豆鍋，一盤裡有燉肉、臘腸、血腸、高麗菜、滿滿的鷹嘴豆，只差沒有短麵熱湯，分量很夠兩個人吃到半飽，不介意立食的人，值得點一份品嘗！當然囉，前提是要搶得到吧台的位子。

除此之外，每週日的11:30～16:00，老店為了來逛跳蚤市場的饕客著想，還推出了Cocido & Go—可外帶的Tapas版燉肉菜豆鍋，讓你一次體會全套的馬德里週日生活：逛完露天跳蚤市場、在街頭吃份傳統料理，過癮！

1. 老店門口小而低調／2.百年老店必備品：金光閃閃的生啤酒龍頭／3.老店雖不大，但裝飾精美，掛滿鬥牛繪畫／4.這份Tapas版燉肉菜豆鍋才要價6歐元

2

3

4

1

since 1787

馬德里歷史最悠久的小酒館

Taberna de Antonio Sánchez

百年鬥牛士餐酒館

tabernaantoniosanchez.com／Calle del Mesón de Paredes, 13／週二～六 13:00～17:00、20:00～24:00，週日13:00～17:00，週一公休／地鐵站La Latina(5號線)、Tirso de Molina(1號線)

以超過200年的歷史成為馬德里最古老的小酒館，可說是一間活生生的小酒館博物館！由於從未重新裝修，完整保留了200多年前的裝潢、裝飾和氛圍，一踏進門就讓你穿越時空！

20世紀初，剛從鬥牛士職業退休的安東尼歐·桑切斯(Antonio Sánchez)，從父母手裡繼承這家酒館，並且展開了他的畫家生涯。因此酒館當時成為鬥牛界的聚會所在，對於鬥牛傳統的熱愛，可從牆上掛滿的牛頭、照片、繪畫、剪報等裝飾看出。

酒館同時也是一線畫家的文藝沙龍 (Tertulias)，索羅亞(Sorolla)是常客、祖洛加(Zuloaga)在此舉行畫作發表會。難怪店裡各個角落都有濃濃藝文氣，呼吸就能擷取到創作靈感。

供應的是傳統馬德里美食，舉凡馬德里燉肉菜豆鍋、馬德里燉牛肚、馬德里蝸牛、燉牛尾都有做。特別的菜色是來自穆爾西亞 (Murcia)大區的傳統菜餚—以鷹嘴豆和各式蔬菜燉成的吉普賽燉鍋(Olla Gitana)。

1. 吧台上金光閃閃的酒器裝置／2. 深咖啡色的木頭門面，古樸且深具歷史感／3. 地下室還保留著古老的酒窖可供參觀／4. 也有雅致的餐廳區，牆上掛滿鬥牛繪畫／5. 大理石桌、木椅、木牆、地板，都洋溢古早味

1

Madrid

藝術
藝術大道
Paseo del Arte

＋

自然
麗池區
Retiro

分區地圖

老城區東邊兩大主角：
結合藝術與科學的文化景觀

馬德里市內第一個世界遺產「光之景觀」

聯合國教科文組織 (UNESCO) 在 2021 年 7 月，將「普拉多大道 (Paseo del Prado) 和麗池公園 (Buen Retiro)」結合藝術與科學的文化景觀，列入世界文化遺產名錄。這是馬德里大區第五個世界遺產，但可是馬德里市內第一個！馬德里也授予此地段「光之景觀」(El Paisaje de la Luz) 的名號！

世界遺產委員會如是說：「這兩大地標體現了 18 世紀開明專制與啟蒙時代對城市空間發展的嶄新理念，周遭雲集致力於藝術和科學領域的建築，和工業、醫療與研究機構相得益彰，共同呈現了西班牙帝國全盛時期，對於烏托邦社會的期望。」

始建於 16 世紀的普拉多大道，起於西貝萊斯廣場 (Plaza de Cibeles)、終

1. 莫亞諾坡書街的二手書攤，令愛書人士流連忘返／2. 普拉多美術館背後的聖熱羅尼莫教堂 (San Jerónimo el Real)／3. 塞萬提斯學院是全球教授西班牙語最重要的機構／4. 西班牙銀行是由國王卡洛斯三世在 1782 年設立／5. 威斯汀皇宮酒店 (Hotel Palace) 從前是政治家和知識分子住宿首選

至皇帝查理五世廣場 (Plaza del Emperador Carlos V)。沿路綠樹成蔭，有寬敞舒適的人行步道，是歐洲第一條城市大道之一，也是西班牙和拉美國家城市大道的原型與典範。

大道上深具藝術、文化和歷史意義的地標俯拾即是！包括 3 座噴泉：代表馬德里城市標誌的**西貝萊斯噴泉 (Fuente de Cibeles)**、**海神噴泉 (Fuente de Nep-tuno)**、**阿波羅噴泉 (Fuente de Apolo)**。

以及 7 座博物館與美術館，包括西班牙最重要的三大美術館「藝術金三角」：**普拉多美術館 (Museo del Prado)、蘇菲亞王后美術館 (Museo Reina Sofía)、提森 - 博內米薩美術館 (Museo Thyssen-Bornemisza)**。

還有多處政經、藝文及科學機構，包括：西貝萊斯宮（現為馬德里市政廳）、西班牙銀行、美洲之家、證券交易所、眾議會、塞萬提斯學院、皇家天文台等，族繁不及備載，重要性可見一斑。

藝術大道區因藝術金三角得名

　　藝術大道區包含普拉多大道，因短短一公里內互相臨近的藝術金三角而得名！但它其實不是行政區域，而是馬德里旅遊局下的定義：北至豎立哥倫布紀念碑 (Monumento a Cristóbal Colón) 的哥倫布廣場 (Plaza de Colón)，南至有座室內溫室花園的阿托查火車站 (Estación de Atocha)，東含優美寧靜且有許多 19 ～ 20 世紀建築的熱羅尼莫斯社區 (Jerónimos)。

　　即使不想逛美術館，我也推薦沿著普拉多大道漫步，觀賞西班牙帝國對於城市規劃的前瞻性，感受馬德里作為首都的磅礡大氣。

擁有馬德里最美涼亭的新鏡咖啡廳
El Espejo Nouveau

在藝術大道區的雷科萊托斯大道上可遇見馬德里最美麗的露天咖啡廳「新鏡」El Espejo Nouveau，最吸睛的是新藝術風格 (Art nouveau) 的玻璃涼亭和露台。

Paseo de Recoletos, 31

6

麗池區是城市綠洲也有美食地帶

麗池區顧名思義，包含了馬德里人的後花園、也是遊客必逛的世界遺產麗池公園 (Parque de El Retiro)，還有深受大人小孩喜愛的**皇家植物園 (Real Jardín Botánico)**。植物園一旁的**莫亞諾坡書街 (Cuesta de Moyano)** 有著將近 30 家二手書攤，漫步其中，給人置身巴黎左岸舊書攤的錯覺！

公園東邊是住宅區，包括新穎餐廳和傳統酒館林立的伊比薩 (Ibiza) 小區！老牌海鮮餐廳 Rafa、我喜愛的傳統餐酒館兄弟店 La Castela 和 Castelados、米其林必比登 (Bib Gourmand) 推薦的餐酒館 La Montería 都在此，可說是隱藏版的美食地帶。

1,6. 普拉多大道上總是充滿愉悅散步的市民與遊客／2. 許多高鐵班車從阿托查火車站出發，旅人川流不息／3. 在普拉多大道上賣藝的老畫家／4. 位在普拉多大道上的阿波羅噴泉／5. 盛大的馬德里書展每年5～6月在麗池公園舉行／7. 普拉多大道週日單向封街時，會舉辦搖擺舞 (Swing) 露天舞會

馬德里最偉大的國寶美術館

普拉多美術館
Museo del Prado

🖥 museodelprado.es／📍Paseo del Prado, s/n／🕐週一～六10:00～20:00，週日與例假日10:00～19:00／💲15€，含導覽書24€；免費時段為週一～六18:00～20:00，週日與例假日17:00～19:00／🚇地鐵站Banco de España(2號線)、Estación del Arte(1號線)／⁉️館內展示廳的藝術作品不得拍照攝影

1

　　普拉多美術館被譽為是世界三大美術館之一（另有一說是四大），與法國羅浮宮、英國大英博物館齊名。主要收藏 14 ～ 19 世紀的歐洲藝術瑰寶為主，涵蓋了歐洲所有重大流派和大師作品，共藏有 8,600 幅畫作和 700 多件雕塑。西班牙帝國時期的繪畫藝術收藏尤其齊全，傑作數量與質量舉世無雙！

　　遊客都愛朝聖這座偉大的藝術殿堂，但常聽人說有看沒有懂… 感嘆咱們美學教育有待加強之餘，我想分享個人這幾年參觀普拉多的藝術學習歷程。如果你是藝術行家，還請忽略我的班門弄斧。

● 參觀前先做點功課，可先上官網了解藝術家的年代、派別、主題和重點畫作。

● 進館時拿美術館樓層圖，上面列出重要館藏以及對應的展示廳，方便按圖索驥。

● 不用勉強看完所有作品，囫圇吞棗並不值回票價；不如挑選自己有興趣的畫家和畫作，慢慢欣賞更有意義。

● 不妨記錄下看了有感覺、感應、感動的藝術家和作品名稱，以便日後找資料研讀。

　　相信這麼一來，就算不熟悉藝術理論，至少參觀時較不陌生、或者能有所共鳴。我就是這樣透過一次次參觀學習，體會到藝術對人生的洗禮—知性進階、感性提升、靈性昇華的快感！

　　雖然館內大師經典族繁不及備載，還是為大家畫個重點：

● 西班牙繪畫：鎮館三傑是西班牙最偉大的 3 位畫家—文藝復興時期的艾爾·葛雷柯 (El Greco)、巴洛克時代的委拉斯蓋茲 (Diego Rodríguez)、被譽為最後一位古典大師以及現代藝術之父的哥雅 (Francisco de Goya)！不能不看的鎮館之寶是，西洋美術史上經歷最多分析與研究的傑作—委拉斯蓋茲的〈侍女圖〉(又譯為〈宮娥〉

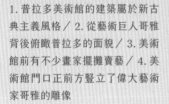

1.普拉多美術館的建築屬於新古典主義風格／2.從藝術巨人哥雅背後俯瞰普拉多的面貌／3.美術館前有不少畫家擺攤賣藝／4.美術館門口正前方豎立了偉大藝術家哥雅的雕像

的 Las Meninas)。哥雅的〈馬德里 1808 年 5 月 3 日〉(El 3 de mayo en Madrid) 震撼人心,〈黑色繪畫〉系列則令人毛骨悚然。

● 義大利繪畫:義大利文藝復興三傑之一的拉斐爾 (Raphael)、佛羅倫斯畫派的波提且利 (Botticelli)、威尼斯畫派代表畫家提香 (Tiziano)、巴洛克畫派的卡拉瓦喬 (Caravaggio) 等。

● 其他重要流派:早期尼德蘭繪畫中,千萬不可錯過荷蘭大師波希 (Hieronymus Bosch,又譯為博斯,西文是 el Bosco)!他奇幻怪誕的三聯油畫〈人間樂園〉,保證讓你看到出神!巴洛克畫派代表魯本斯 (Rubens) 和德國文藝復興最重要的杜勒,也是重頭戲。

20世紀的西洋藝術精華寶庫

蘇菲亞王后
藝術中心美術館
Museo Reina Sofía

museoreinasofia.es／Calle de Santa
Isabel, 52／週一、三～六10:00～21:00，
週日10:00～14:30，週二公休／12€；
免費時段為週一、週三～六19:00～21:00，
週日12:30～14:30／地鐵站Estación del
Arte(1號線)、Lavapiés(3號線)

　　如果你對西洋古典藝術沒興趣，那就來逛現代與當代藝術的寶庫—蘇菲亞王后美術館。常設展的年代自1881年展開，有大家都熟悉的西班牙現代三傑—畢卡索(Picasso)、達利(Salvador Dalí)、米羅(Joan Miró)，時代和主題都較容易親近。

　　絕對不可錯過的名作是畢卡索擲地有聲的曠世巨作〈格爾尼卡〉(Guernica)！1937年西班牙內戰期間，納粹德國和法西斯義大利協助佛朗哥將軍所領導的國民軍，對西班牙北部巴斯克古城格爾尼卡進行人類歷史上首次地毯式轟炸，造成數百名平民死亡。同年畢卡索受到西班牙第二共和國委託，為巴黎萬國博覽會的西班牙區創作，這幅控訴戰爭罪行、象徵戰爭殘暴、充滿和平寓意的警世巨作就此誕生。

　　這幅名畫當年在歐洲流浪，並曾託付給美國紐約現代藝術博物館(MoMA)保管，直到1981年西班牙實行民主化才返回祖國。

　　現在它就在蘇菲亞王后美術館內，等你來發掘它的意義。

1.現代感十足的透明電梯是美術館的知名標誌／2.美術館建築物前身是座醫院，鬼故事可不少

賞文藝復興、巴洛克與洛可可、17世紀荷蘭繪畫、18世紀威尼斯繪畫、印象派與後印象派、19世紀美國藝術、德國表現主義、野獸派、立體主義、抽象主義、超現實主義、普普藝術等，儼然把西洋藝術史讀一遍！

驚人館藏背後輾轉的家族歷史可演好幾季的影集，主要來自提森-博內米薩兩代男爵傾注兩輩子的私人收藏，而男爵二世的第五任妻子—來自西班牙的男爵夫人卡門(Carmen Cervera)也貢獻重大，藝術金三角的最後一角因此補齊。

如果你想系統性地認識西洋藝術史，那一定要補一下提森-博內米薩美術館(簡稱為提森)。藝術收藏縱貫7個世紀，從13世紀到20世紀的1,000幅畫作，補強了普拉多和蘇菲亞王后美術館缺乏的流派和風格。

館內展覽動線依年代安排，可從古至今走一趟：由義大利早期繪畫開始，一路漫步欣

集歷史行政藝文餐飲觀景於一體

西貝萊斯廣場
Plaza de Cibeles

藝文中心&觀景台：centrocentro.org；咖啡廳、餐廳、觀景酒吧：palaciodecibeles.com／ 藝文中心：週二～日10:00～20:00，週一公休；觀景台：週二～日10:30～14:00、16:00～19:30，週一公休／ 3€／ 地鐵站Banco de España(2號線)

西貝萊斯廣場是馬德里最具代表性的圓環廣場，四面被4座雄偉的歷史宮殿圍繞，包括：美景宮 (Palacio de Buenavista)、現為美洲之家 (Casa de America) 的利納雷斯宮 (Palacio de Linares)、西貝萊斯宮 (Palacio de Cibeles)、西班牙銀行 (Banco de España)，正中央坐落西貝萊斯噴泉 (Fuente de Cibeles)，廣場也因此得名。

西貝萊斯噴泉 Fuente de Cibeles

西貝萊斯噴泉是馬德里最重要的地標之一，也是皇家馬德里足球隊和西班牙國家足球隊取得重大勝利時，球迷們狂歡慶祝的主要地盤。在1782年建成，是「馬德里史上最佳市長」國王卡洛斯三世主導的都市計畫一部分。主角是古羅馬人崇拜的「西貝萊斯女神」—自然與動物之神，主掌大地萬物的生命力，包括農業與生育，因此也被稱為「大地女神」。

以大理石雕刻而成的女神，高貴莊嚴，坐在兩頭威武的大理石雄獅所駕駛的石雕戰車上。直到1862年為止，噴泉都有2根水管開放飲用，1根供職業送水人取水送至民宅、1根供民眾使用。

正對著噴泉的歷史建築物西貝萊斯宮，立面裝飾精緻，是新銀匠式 (Neoplateresco) 建築藝術的代表作。曾為西班牙郵政與電信總局，從前稱為通訊宮或電信宮，2007年成為馬德里市政廳所在地，可在裡頭捕捉到馬德里市長的身影。

西貝萊斯宮 Palacio de Cibeles

西貝萊斯宮功能多多，除了市政以外，藝文、餐飲、觀景等功能一應俱全：1、3、4、5樓是 CentroCentro 當代藝文中心，藝術展覽和文化活動不間斷；2樓有咖啡廳、6樓是餐廳和觀景酒吧；高塔上還有可360度俯瞰馬德里、一覽西貝萊斯廣場的馬德里觀景台 Mirador Madrid。是座以傳統結合現代的複合式宮殿！

夜裡會變臉的景點

馬德里有不少景點，夜裡打上燈光後就像化了妝一樣，展現與白天截然不同的嫵媚面貌，譬如西貝萊斯宮、西貝萊斯噴泉、阿爾卡拉大門皆是，不妨選在華燈初上時造訪。

1.西貝萊斯宮與噴泉，是許多遊客最愛的自拍背景／2.栩栩如生的西貝萊斯女神和雄獅雕塑／3.馬德里 LGBTQ+ 驕傲週，西貝萊斯宮與噴泉應景打上彩虹燈光

海神噴泉
Fuente de Neptuno

📍 Plaza de Cánovas del Castillo, s/n／🚇地鐵站Banco de España、Sevilla(2號線)

同屬「馬德里史上最佳市長」國王卡洛斯三世主導的都市計畫，海神噴泉在 1786 年建成，本來被安排和西貝萊斯噴泉隔著普拉多大道兩側面對面相望，最後落腳在大道各一方的廣場上。雕像是雄赳赳氣昂昂的海神，站立在由兩頭海馬（希臘神話中的馬頭

在海上奔馳的馬頭魚尾怪，為噴泉增添了趣味

魚尾怪）駕駛的貝殼座車上。這裡是馬德里競技足球隊贏球時，球迷們聚集慶祝之地。

馬德里人婚紗照熱門景點

阿爾卡拉大門
Puerta de Alcalá

📍 Plaza de la Independencia, s/n／🚇地鐵站Banco de España、Retiro (2號線)

當然又是「馬德里史上最佳市長」國王卡洛斯三世的都市計畫！由國王御用的義大利建築師薩巴蒂尼設計建造，以取代原有的老城門。這座新古典主義的凱旋門在 1778 年完工，歷史比 1836 年才竣工的巴黎凱旋門還悠久！城門所在的阿爾卡拉大街，可一路通往大學城阿爾卡拉·埃納雷斯堡 (Alcalá de Henares)，因而得名。

1. 大門面向城外這面較為華麗，總有眾多拍照人潮／ 2. 大門面向城內這面較為樸素

麗池公園
Parque de El Retiro

📍Plaza de la Independencia, 7/🕙10～3月06:00～22:00，4～9月06:00～24:00/🚇地鐵站Retiro(2號線)/⁉️馬德里冬天時偶吹強風，達到紅色警示時公園會關閉，以避免意外發生

馬德里市中心最大的公園，占地125公頃，種植1萬5,000多棵樹木，結合了景觀、園林、建築、雕塑，名列世界遺產，是馬德里的城市綠肺、馬德里人的城市綠洲，我則愛稱它為馬德里的中央公園！

17世紀時本為王室的離宮，西班牙文別名Parque del Buen Retiro，意為理想的隱居公園。「馬德里史上最佳市長」國王卡洛斯三世（又是他）力行開明專制政策，在1767年部分開放這座美麗的皇家離宮給人民休閒遊憩使用，打破了社會階級的界線，深富歷史意義。

離宮在1868年成為一座都會公園，正式向大眾開放。如今是遊客最愛造訪的景點，也是馬德里人週末喜愛的休閒去處。非常適合來此散步、跑步、騎單車、在草地上野餐、在人工湖上划船、在露天座喝咖啡、欣賞街頭藝人表演，為旅途注入一股清新的氣息。

麗池公園占地廣大，裡頭地標很多，走不盡、看不完，以下是幾個最重要的：

● 麗池湖 (Estanque Grande de El Retiro)：絕美的人工湖，配合馬德里絢麗燦爛的夕陽，和愛人在湖上泛舟，是屬於馬德里的浪漫，也是馬德里最熱門的求婚地點！湖畔的西班牙國王阿方索12世紀念碑

(Monumento a Alfonso XII)，有許多階梯和草皮，是坐著賞湖的最優地點。

●**水晶宮 (Palacio de Cristal)**：1887 年為萬國博覽會所建造，建築結合鐵製結構和玻璃，陽光灑落時閃閃發亮、光彩奪目，彷彿童話世界的場景，是麗池公園裡最殺記憶體的景點！內部時常會舉辦蘇菲亞王后美術館的當代藝術裝置特展。

●**墮落天使雕像 (El Ángel Caído)**：世界上唯一一座亮在光天化日下的魔鬼雕像，就坐落在麗池公園裡頭一座噴泉上。如果你看膩了天使和聖人，那就來看看魔鬼吧。

5

6

7

1. 到湖的另一端阿方索 12 世紀念碑處，坐著賞湖更寫意／2. 阿方索 12 世紀念碑，是拍美照的隱藏版景點／3. 公園的大道寬敞、小徑幽靜，漫步半天也不累／4. 公園處處林蔭濃密，超級適合野餐、運動／5. 每年都會有撒旦崇拜者來到墮落天使的雕像前朝聖／6,7. 水晶宮彷彿是童話世界場景，秋葉紅時更是浪漫

炸魷魚戰區外打遍天下無敵手

El Brillante
炸魷魚三明治餐酒館

📧 barelbrillante.es／📍Plaza del Emperador Carlos V, 8／🕐每日06:30～24:30／🚇地鐵站Atocha、Estación del Arte(1號線)

雖然距離馬德里的炸魷魚三明治主戰場遙遠，但絕對是許多馬德里人心中的首選！除了金字招牌炸魷魚三明治外，還有多種口味三明治，也供應各式馬德里傳統 Tapas。

設有外帶區、酒吧區、陽台區，共有2個門：1個正對阿托查火車站、1個正對蘇菲亞王后美術館。或許是物美價廉、或許是服務爽快、也或許是地點太好，餐館內總是一位難求，連外帶也要排隊。

如果你來此區參觀美術館，服用完藝術作品，不如來此用馬德里經典小吃！如果你來搭火車旅行，上路前能不來外帶個炸魷魚三明治，好好告別馬德里嗎？

1. 面對蘇菲亞王后美術館的門口／2.店招很好認，門口洶湧的人潮更好認／3.廚師們做炸魷魚三明治的手停不下來／4.幾乎所有客人面前都是一盤炸魷魚三明治／5.酒吧區是品嘗小吃搭配生啤酒的最佳選擇

since 1888

西班牙咖啡館文藝沙龍的元祖

Café Gijón

■ 百年文人咖啡館：希洪咖啡館

🖥 cafegijon.com／📍Paseo de Recoletos, 21／🕐每日07:00～02:00／🚇地鐵站 Banco de España(2號線)、Colón(4號線)

提到馬德里的文人咖啡館、或是西班牙版本的文藝沙龍(Tertulias)，這家以創始人出生地—阿斯圖里亞斯大區濱海大城希洪(Gijón)為名的咖啡館，正是元祖，可說是馬德里的花神或雙叟咖啡館！

百年咖啡館走過的歷史興衰，不僅可寫成一本書，也曾出現在許多文學作品中。知名的常客橫跨文學、藝術、電影、鬥牛界，也可列表成冊。最為人津津樂道的來客是據說曾為一對戀人的藝術家達利和詩人羅卡

(Federico García Lorca)，以及超現實主義電影之父布紐爾(Luis Buñuel)。

老店裝潢尊貴華麗，大片大片的木牆、紅布沙發和窗簾、大理石吧台與桌面、棋盤式瓷磚地板，一個世紀以來依然雍容氣派。除了咖啡，也有供餐，都不便宜。不過用一杯咖啡的價錢，喝進積累百年的文藝氣息，應該值得。

1. 門面充滿文人沈穩優雅的氣質／2. 馬德里市政府在1998年老店滿百年時致贈的銘牌／3. 木牆與紅布，累積了百年文藝氣

1

反骨

馬拉薩娘區
Malasaña

＋

悠活

伯爵公爵區
Conde Duque

分區地圖

文青四劍客西邊雙珠：
馬德里三代文青出沒地帶

馬拉薩娘區是元祖文青大本營

　　馬拉薩娘區的名稱來自曼努埃拉·馬拉薩娘 (Manuela Malasaña)—1808 年 5 月 2 日拿破崙軍隊入侵馬德里時，起義反抗法軍的著名女英雄。

　　此區是 1980 年代「馬德里新浪潮運動」(La Movida Madrileña) 的發源地，當時西班牙正經歷民主化，民風初開、急於擁抱世界，反主流的地下文化以此為大本營活躍起來，一票才華洋溢又叛逆反骨的年輕人，如大導演阿莫多瓦 (Pedro Almodóvar)、同志偶像電音女王阿拉斯加 (Alaska)、電子新浪潮重量級的蜜卡諾合唱團 (Mecano)、西班牙華麗搖滾第一人蒂諾卡薩爾 (Tino Casal) 等，帶動了西班牙各文化領域的蓬勃發展。

　　當年的馬拉薩娘也是酒精、藥物、縱慾的代名詞，夜間時常傳出暴力事件。

1,3,7.馬拉薩娘區的街頭充滿活力／2.馬拉薩娘區在熱鬧中仍有悠閒氣氛／4.魚街的社區居民正在修補街頭裝置藝術／5.馬拉薩娘區的露天座位往往一位難求／6.馬拉薩娘區的古著一條街,可捕獲有型男女

3

4

2

5

6

但今日的馬拉薩娘早與危險扯不上關係,不少當時的年輕人最愛泡的地下酒吧和舞池,曾經惡名昭彰,如今都已成了傳奇。反骨遺風雖已不復深刻,但小區個性仍然鮮明,波希米亞、潮、復古風格在此交融,仍然是文青們最愛晃蕩、派對動物最愛夜行的地帶。

　　這區也是逛街的好地點!要買國際流行品牌,可沿著分隔馬拉薩娘區和雀卡區的「商店一條街」Calle de Fuencarral 街直直逛;縱橫交錯的街道巷弄裡,則有許多設計選品店;「古著一條街」Calle de Velarde 街,有多家二手復古衣物店;各大小廣場週末則有小型的跳蚤市集,相當熱鬧。

7

伯爵公爵區吸引年輕輩新文青

從馬拉薩娘區跨越 Calle de San Bernardo 街，就進入相對寧靜悠閒的伯爵公爵區——近年來藝文人士和創意工作者紛紛聚攏的社區，吸引了一票青壯年文青，從過度飽和的馬拉薩娘區搬出，遷進旁邊夜晚更清幽、空間更寬敞、藝文也豐富的住宅區，因此帶動了社區的商業發展，故我都稱此區為新興文青區。

由軍事基地修復後搖身變成的**伯爵公爵當代文化中心 (Conde Duque)**，包含城市檔案館、4 座圖書館、當代美術館，也有展覽廳、劇院和表演廳，是社區的文化心臟，營造出濃厚文藝氣，與居民悠活的生活態度相得益彰。中心寬闊的廣場上常舉辦創意十足的活動，如夏日露天電影院，是城內文青常出沒的據點！

這區也是「文青咖啡館」的集散地，如永遠客滿的 **Federal Café**、曾被影集取景的 **Café Moderno**、走夢幻路線的 **El Jardín Secreto** 等。設計服飾店、攝影藝廊、黑膠

趣味十足的魚街
Calle del Pez

　　馬拉薩娘區的魚街 (Calle del Pez) 是城裡最富趣味的街道之一。有社區居民布置的街頭藝術和眾多熱門店家，每年 6 月會舉辦活力十足的魚街派對 (Fiestas de la Calle Pez)。曾是劇場人士最愛的經典酒吧 El Palentino 也在此，但原老板過世後由新東家接手，死而復生卻面目全非，老店精神與氣息蕩然無存，落得關門大吉的結局。

唱片行、個性酒館也散佈大街小巷，我尤其推薦逛逛 Calle del Noviciado 街和 Calle de la Palma 街，前者小店多、後者酒館多，非常適合走悠活路線的文青來挖寶、小酌。

1. 伯爵公爵區的街道與廣場，洋溢美好的生活感／2.Café Moderno 咖啡館招牌復古，常吸引電影和影集取景／3. 伯爵公爵街的前方可見馬德里塔 (Torre de Madrid)／4. 在伯爵公爵區的小巷裡，抬頭可見西班牙大廈 (Edificio España)／5. 伯爵公爵當代藝文中心的巴洛克風格石雕立面／6. 伯爵公爵區的 ABC 插畫美術館前身是 Mahou 啤酒廠，曾舉辦過幾米的插畫特展

馬拉薩娘區的心臟與精神所在

5月2日廣場
Plaza del Dos de Mayo

📍 地鐵站Tribunal(1、10號線)、Bilbao(1、4號線)、San Bernardo(2、4號線)

馬拉薩娘區的心臟地帶，名稱來自於1808年「半島戰爭」（又稱為西班牙獨立戰爭）中著名的「5月2日起義」—馬德里平民義士奮起對抗入侵的拿破崙軍隊，遭到法軍殘暴鎮壓，並在隔天被無情槍決。廣場中心的兩座雕像，就在紀念戰役中壯烈犧牲的兩位軍官道伊茨(Daoiz)和韋拉德(Velarde)。

畫家哥雅的知名畫作〈馬德里1808年5月2日的起義〉(El 2 de mayo de 1808 en Madrid)與〈5月3日的槍決〉(El 3 de mayo en Madrid)，以藝術控訴這場戰爭的殘酷，收藏在普拉多美術館裡。

1. 在馬拉薩娘區鬧中取靜的5月2日廣場／2. 週末迷你跳蚤市場，有飾品、舊書、海報、唱片等／3. 手握啤酒的起義軍官紀念雕像

雖然廣場歷史聽來如此莊嚴，但什麼都能惡搞的馬德里人，總愛在雕像高舉的手上放上一罐「啤酒」，以黑色幽默化解歷史的沈重感。事實上，廣場週末時總是活力滿點，可能是市中心唯一可公然進行Botellón(意為「群聚席地喝酒」)，警察伯伯還睜一隻眼閉一隻眼的廣場！周遭餐廳酒吧、兒童遊樂場、露天座和諧共處，迷你跳蚤市集增添文藝氣，週末總吸引滿滿人潮。

馬德里歷史博物館
Museo de Historia de Madrid

🖥 madrid.es/museodehistoria／📍Calle de Fuencarral, 78／🕐週二～日10:00～20:00（夏天10:00～19:00），週一公休／💲免費／🚇地鐵站Tribunal(1、10號線)

想認識馬德里自1561年王室遷來後，從傳統中古市鎮步步演化為現代都會的發展史，就來這兒補知識！1929年創立的博物館，建築為巴洛克風格。展覽動線沿著歷史時間軸規劃，以繪畫、模型、地圖，瓷器、銀器、掛毯、扇子等珍品，加上服飾、攝影等展品，將馬德里的歷史透過各種生活藝術面向娓娓道來。最具藝術價值的館藏為哥雅的畫作〈馬德里市的寓言〉(Alegoría de la Villa de Madrid)。

百合宮
Palacio de Liria

🖥 palaciodeliria.com／📍Calle de la Princesa, 20／🕐場次起訖：週一10:15～12:30，週二～五10:15～12:30、16:15～18:00，週末09:45～12:00、15:45～17:30／💲15€，附西班牙語、英語、法語、義大利語、德語語音導覽，無中文導覽；可於官網購票，現場購票加收手續費1€／🚇地鐵站Plaza de España(2、3、10號線)、Ventura Rodríguez(3號線)／❓每日有人數限制，建議先在官網購票；宮內不得拍照攝影

的人！財富多到死前分給6位子女每人10億歐元遺產，擁有遍布全國的宮殿、城堡、土地，藝術收藏也超狂，而百合宮正是她生前的居所與藝術收藏總部！有200間房間，開放參觀的12間中，除了歐洲藝術傑作外，亮點是有近2萬本善本書的藏書室、哥倫布簽名的《聖經》、1605年出版的《唐吉軻德》。鎮宮之寶是哥雅為其繆思「第13世阿爾巴女公爵」繪製的肖像畫。

西班牙最奇女子「第18世阿爾巴女公爵」(Duquesa de Alba)來自西班牙最古老顯赫的家族，是金氏世界紀錄裡擁有最多貴族頭銜

Café Manuela
復古咖啡館巡禮之1

cafe-manuela.eatbu.com／Calle de San Vicente Ferrer, 29／週一～四13:00～02:00，週五～六13:00～03:00，週日13:00～01:00／地鐵站Noviciado(2、3、10號線)、Tribunal(1、10號線)

1. 紅色木門加以金色裝飾，復古又貴氣／ 2. 桌遊族搭配復古華麗的背景，也不違和

　　氣派大方的紅木門面、富麗堂皇的紅布幔和水晶燈，前身為木匠工坊的咖啡館於1979年開張，見證了「馬德里新浪潮運動」的興衰；仿20世紀初文人咖啡館的裝潢，吸引了超過60部電影在這取景。今日仍然深受馬德里人歡迎，但隨著時代演變，來客從文人雅士變成了桌遊愛好者，夜夜滿座、一位難求。

Café de Ruiz
復古咖啡館巡禮之2

Calle de Ruiz, 11／週二～日18:00～深夜01:00或02:00，週一公休／地鐵站Bilbao(1、4號線)、San Bernardo(2、4號線)、Tribunal(1、10號線)

1. 桌花是咖啡館特色，為古早味裝潢畫龍點睛／ 2. 這股復古氛圍，讓人文藝氣自動上身

　　我個人最喜愛的復古咖啡館！鵝黃色牆面、深棕色木牆、古老的櫥櫃、大理石圓桌、復古沙發椅，一切都與昏黃的燈光和優秀的音樂完美融合。1977年開張至今，仍定時舉辦藝文沙龍。除了咖啡外也有調酒，靈感能量超高，超適合創作人來窩，也很適合旅人來此歇歇腿、寫寫旅行日記。

Café Ajenjo
復古咖啡館巡禮之3

cafeajenjo.com／ Calle de la Galería de Robles, 4／ 週日～四15:30～01:30，週五～六15:30～02:30／ 地鐵站Bilbao(1、4號線)、San Bernardo(2、4號線)、Tribunal (1、10號線)

雖然我也喜歡尋覓極簡小清新或工業設計感的咖啡館，但有時老派是一種必要！這家咖啡館保證超越所謂的復古風和懷舊感，以滿滿的古董、古家具、老時鐘、老照片等濃得化不開的陳舊氣味，帶你一秒走進奇幻老

1.沒看到店門上方寫了「Café」，會以為這是間古董店／2.店裡舉目所見的所有一切都「古」到不行

電影裡！招牌手工蛋糕人人稱讚，雖然茶酒咖啡不便宜，但「穿越」是無價的。

Josealfredo Bar
美式風格調酒吧

josealfredobar.com／ Calle de Silva, 22／ 週日～四19:00～03:00，週五～六19:00～03:30／ 地鐵站Callao(3、5號線)、Santo Domingo(2號線)

有間能輕鬆喝調酒的酒吧，對我來說是優秀城市生活的重要指標，而我的「輕鬆」定義是：不用認真 Dress up 也能很自在，氣氛隨性到可跟陌生人攀談起來。這家美式風格調酒吧，就是這種好地方！前方是吧台區，後方有沙發區，各種經典調酒都點得到。鄰近戲院群集的格蘭大道，自然成為馬德里電影圈和劇場人士最愛泡的酒吧。

1.吧台區紅色的光暈是酒吧正字招牌／2.琴通寧(Gin Tonic)最知名，但我特愛他們家的血腥瑪麗(Bloody Mary)

Casa Camacho
香艾酒小酒館：卡瑪丘之家

📍Calle de San Andrés, 4／🕐週一～六12:30
～02:00，週日公休／🚇地鐵站Noviciado
(2、3、10號線)、Tribunal(1、10號線)

馬德里「香艾酒巡禮路」第二站，也是我的心頭好！1929年開張，1980年由現任老板三兄弟接手經營，一路以來從未改變老店的名號和裝潢，包括大理石吧台、瓷磚牆面、洗石子地板，甚至店裡原有的酒瓶、酒桶。雖年歲未滿百年，已然是傳奇酒館！

老店就像一顆時空膠囊，結合3大老酒館必備元素：歷史悠久生灰塵的「老酒瓶」、陳年不動已成佛的「老酒桶」、雄赳赳氣昂昂還戴朵紅花的「酒龍頭」。再混合世代客人的塵世喧嘩、在酒桶裡靜待陳香的香艾酒、保有老馬德里人的幽默與熱情的老酒保，就此組成老店最迷人的風景，也勾畫出馬德里的精神與靈魂。

除了自家釀造的香艾酒是王道，老客人都知道，來這一定要點杯老板自創的獨家調酒「Yayo」才上道！Yayo由香艾酒、琴酒、碳酸汽水調製而成，據說是某位老客人為了沖淡香艾酒而發明的，後座力十足，請小心服用。

1.疫情前只有站位的老酒館，現今也擺上少少的桌位／2,3.酒桶、酒瓶、酒杯、吧台、瓷磚、地板，都是藝術

Yayo 調製過程：

| 倒琴酒 | 倒碳酸汽水 | 現拉香艾酒 | 上桌 |

馬德里年輕人最愛的烘蛋

Pez Tortilla
烘蛋小酒館：烘蛋魚

📍Calle del Pez, 36／🕐週日～三12:00～24:00，週四～六12:00～01:00／🚇地鐵站 Noviciado(2、3、10號線)

1. 在魚街的元祖店外表低調／2. 烘蛋走蛋液不熟的「濕濕軟軟」路線

從魚街 (Calle del Pez) 發跡，絕活是西班牙烘蛋 (Tortilla)，因此店名就叫「烘蛋魚」(Pez Tortilla)，總在城裡烘蛋排行榜上！除了傳統版本外，還有創新內餡口味，精釀啤酒選擇也多，是年輕人的最愛，時常得排隊候位。尤其在酒館越來越早打烊的馬德里，深夜能吃到熱騰騰的烘蛋暖胃，是一種幸福！紅到在文人區和拉丁區都開了分店，但魚街這家才是創始店。

一杯入魂的完美生啤酒

El Cangrejero
海鮮啤酒館：捕蟹人

📍Calle de Amaniel, 25／🕐週一～六13:00～16:00、19:00～23:00，週日13:00～16:00／🚇地鐵站Noviciado(2、3、10號線)

1. 在「文青化」風潮中，屹立不搖的老派啤酒館／2. 小杯 Caña 和大杯 Doble 生啤酒都拉得像寶石般晶瑩剔透

少數從伯爵公爵區「文青化」風潮中存活下來的傳統酒館之一，也是全城公認生啤酒最好喝的啤酒館之一！老闆一反馬德里人的熱情幽默，反而以嚴肅冷淡知名。在 1965 年買下馬德里唯一可買到「活蟹」的海鮮鋪，將其改為啤酒館，並供應酒客上好的海鮮罐頭。

至今仍以古法控制啤酒溫度，他親手拉的生啤酒，有著完美比例的泡沫，好喝到無懈可擊！

203

since 1919

一生懸命的伊比利火腿達人

López Pascual
百年火腿鋪

📱 lopezpascual.com／📍 Corredera Baja de San Pablo, 13／🕐 週一～五09:30～14:00、17:00～20:30，週六09:30～14:00 週日公休／🚇 地鐵站Callao(3、5號線)、Santo Domingo(2號線)

如果你為西班牙傳奇食材「伊比利火腿」(Jamón Ibérico) 心醉神迷、想體會伊比利火腿獨特的香氣、口感、風味，那你一定要造訪馬德里最古老的火腿鋪！

擁有百年銷售火腿的經驗，仍然維持家庭經營模式。百年老鋪第三代掌門人阿爾貝托(Alberto)，從小就跟著爺爺和爸爸品嘗、挑選、手切火腿，本人正是一部伊比利火腿的

「活維基百科」！定期開課教授伊比利火腿的知識，開口閉口都是風趣幽默的伊比利火腿經。

延續家族傳統，老店銷售重心專注在最頂級—豬隻「放養」於橡樹林、自由覓食「橡果」(Bellota)，因此有著健康油脂的黑標(De Bellota 100% Ibérico) 和紅標 (De Bellota Ibérico) 伊比利火腿。「密集飼養」的白標 (De Cebo Ibérico) 伊比利火腿則不在銷售品項裡。阿爾貝托年年都親至產地搶頭香，在最優秀的火腿上壓上家族專屬封印，以確保他嚴選的腿兒不會被賣到別家店鋪去。

有身心與靈魂都奉獻給伊比利火腿、西班牙職人精神代表阿爾貝托拍胸脯掛保證，這裡的伊比利火腿，絕對能驚艷你的五感！

1. 身為馬德里最古老的火腿鋪，門面很謙虛／2. 除了火腿，也有賣多種臘肉和各色頂級食材／3. 充滿熱情和活力的第三代傳人阿爾貝托

死而復生仍是市民心頭好

Café Comercial

百年文人咖啡館

🔗 cafecomercialmadrid.com / 📍 Glorieta de Bilbao, 7 / 🕐 週一～五08:30～02:00，週六～日09:00～02:00 / 🚇 地鐵站Bilbao (1、4號線)

咖啡館在畢爾包圓環 (Glorieta de Bilbao) 的書報亭旁，雖店名有股銅臭味，但其實是西班牙文人雅士最愛的文藝沙龍 (Tertulias)。98世代大詩人馬查多 (Antonio Machado)、諾貝爾文學獎得主塞拉 (Camilo José Cela) 曾在此寫作；當代電影界大咖導演阿莫多瓦、索拉 (Carlos Saura)，都是老客人。

如此重要的文化場域，2015年無預警關門時，徹底震撼了全城！市民紛紛到咖啡館憑弔，在玻璃窗上貼滿不捨的留言。幸好有新東家出資接手經營，在維持傳統面貌的前提下，重新裝潢門面、修復家具，終於在2017年重新開幕。

死而復生的咖啡館，在守護傳統之外，也張開雙臂擁抱新時代！百年歷史的經典旋轉門、大理石酒吧、水晶吊燈、大玻璃窗，乃至招牌的吉拿棒油條 (Churros)，通通都還在；但整體 Look 變得窗明几淨，除了時常舉辦音樂活動外，還供應起 Brunch。

老實說，老店的餐點水準平實，但是酒水價格比外面高。不過在此喝的是文藝、吃的是歷史嘛～我還是希望老店生意興隆，再為市民服務百年吧！

1. 咖啡館門前的書報亭構成一片文藝風景 / 2. 旋轉門是百年經典 / 3. 水晶吊燈和大玻璃窗是重點美感元素 / 4. 吧台區是與朋友相約的好地方

可樂餅與搖滾樂迷朝聖地

Casa Julio

百年可樂餅小酒館：胡立歐之家

📍Calle de la Madera, 37／🕐週一～週六13:00～16:00、19:00～24:00，週日公休／🚇地鐵站Tribunal(1、10號線)

蔥(Setas con puerro)、藍黴起司(Queso azul)；也有經典口味如西班牙火腿(Jamón)、臘腸肉末(Picadillo)、鮪魚和蛋(Atún con huevo)。

選擇困難嗎？人少可點半盤6個品嘗，人多就點一盤12個，口味任君挑選，風味扎實香濃。店家自信滿滿地在菜單封面自稱為「馬德里最好的可樂餅之家」，值得一試。

馬德里很多餐酒館都把「西班牙可樂餅」(Croquetas)做得很好，但要論做得專精，當地老饕一定會推薦你這家剛破百歲、專做可樂餅的小酒館！門面以專屬馬德里的經典亮紅色木門宣告：這是家有歷史的酒館。

愛爾蘭搖滾天團U2在2000年來馬德里巡演時，曾來裡頭拍攝照片，粉絲們至今仍然津津樂道，也讓這裡成為搖滾樂迷的朝聖景點。

招牌可樂餅有很多口味，比較特別的如：血腸和榅桲果醬(Morcilla con membrillo)、菠菜葡萄乾和義大利古崗左拉藍黴起司(Espinacas, pasas y gorgonzola)、野菇和韭

1. 在馬德里看到紅色木門，多是歷史悠久的老酒館／2. 紅木牆和滿牆照片與報導，經典中帶有家庭溫馨感／3. 酒館供應來自西班牙各地區的香艾酒／4. 西班牙可樂餅熱騰騰上桌

讓安東尼波登聞名而來的烘蛋

Bodega de La Ardosa
百年香艾酒小酒館

🌐 laardosa.es / 📍 Calle de Colón, 13 / 🕐 08:30～02:00 / 🚇 地鐵站Tribunal (1、10號線)、Chueca(5號線)

馬德里「香艾酒巡禮路」第一站，也是馬拉薩娘區的「鎮區老酒館」！即使小區滿是新潮餐館、個性酒吧，這家百年酒館還是每夜客滿、一位難求，連已故的美國廚師、作家、電視節目主持人安東尼波登 (Anthony Bourdain) 都曾為了他們家的西班牙烘蛋來訪。老酒館魅力何在？以下 5 大重點拆解：

●門面：馬德里傳統酒館經典的「大紅色」復古 Look，令人過目難忘。

●氛圍：白天像黑夜般令人迷醉，夜晚洶湧熱度直逼白晝。

●裝飾：古色古香的老吧台、布滿塵埃的老酒瓶、華美瑰麗的老花磚，組成一幅歷史感滿點的畫面，彷彿老照片在面前活了起來！最獨樹一幟的，則是牆上整排的哥雅素描畫作。(當然不是真跡！)

●好酒：自家釀製的香艾酒 (Vermú)，城裡有名聲！喜歡香艾酒的朋友必嘗！

●美食：招牌 Tapas 是西班牙烘蛋，城裡響叮噹！雖然每個人喜好口味不同，但這家的烘蛋口味家常綿密，是能為旅人暖心的 Hearty food！

1. 紅色木門搭配復古招牌，老店是幅馬德里風情畫 / 2. 老酒館的靈魂就藏在百年不變的裝飾裡 / 3. 百年獨門配方的香艾酒，一杯入魂 / 4. 連安東尼波登都吃過的招牌西班牙烘蛋

奔放
雀卡區
Chueca
＋
優雅
薩雷薩斯區

分區地圖

CHULAPA MIA

CHULAPO MIO

MADRID

文青四劍客東邊雙寶：
馬德里品味人士聚集地段

雀卡區是最多元開放的同志社區

雀卡區在 70 年代是毒品氾濫、犯罪頻繁的街區，80 年代開始有同志族群進駐開設咖啡館、酒吧、夜店，1993 西班牙第一間同志主題書店 Librería Berkana 在此開張，為西語世界包括拉丁美洲的同志文化開拓了生存空間，而雀卡區也在新舊居民的共同努力下，洗刷了治安不佳的污名，發展成馬德里最多元開放的 LGBTQ+ 社區！

在雀卡區，你可以感受到同志與非同志的活動、交際、生活空間無縫交融，文化與次文化兼容並蓄。雖然洋溢著都會的活力，卻不失老社區的風味，是潮流、娛樂、藝文、美食的凝聚地！

想買鞋，來雀卡，鞋店都聚集在 Calle de Augusto Figueroa 街；想買情趣商品，

來雀卡,請逛 Calle de Pelayo 街,這條小街也是每年馬德里 LGBTQ+ 驕傲節 (Madrid Orgullo) 最有趣的「高跟鞋賽跑」活動使用的賽道;肚子餓,在雀卡,除了滿街的餐廳酒館,2 座美食市場:聖安東市場 (Mercado de San Antón) 和巴塞羅市場 (Mercado de Barceló),也是覓食的好去處。

藝文愛好者也有地方可泡,現代新穎的**馬德里建築學院 (COAM)** 裡,時常舉辦藝術展覽和手作市集;小巧精緻的**浪漫主義美術館 (Museo del Romanticismo)**,帶你穿越時空回到 19 世紀浪漫主義運動正興盛的年代,親見當時上流社會的生活起居、社交娛樂、審美品味,裡頭還有個雅致的花園咖啡廳;作為西班牙著作權協會總部的龍格利亞宮殿 (Palacio de Longoria),是馬德里最知名的新藝術風格建築。

1. 雀卡區百年酒館的門口,掛著社區熊族男同志的照片 / 2. 西語文化圈第一間同志主題書店 Librería Berkana / 3. 花店美得像明信片 / 4. 雀卡區的情趣用品店明亮幽默,歡迎自在地進去逛 / 5. 雀卡區的聖安東教堂 (Iglesia de San Antón) 供奉的是動物的守護神

薩雷薩斯區是品味人士出沒地帶

　　薩雷薩斯區是馬德里不為遊人所熟知的地區，卻是我最喜愛的散步地帶！以雅致的建築、優美的廣場、寧靜的街區取勝，氣氛悠然自在，集結了當代藝廊、設計旅店、品味商店、個性餐館、精品咖啡，卻沒有鄰近的雀卡區那般喧鬧，是我私心推薦給品味人士的絕佳住宿地段！

　　從前是「燈光音響一條街」的 Calle del Barquillo 街，分隔了雀卡區和薩雷薩斯區，設計師時尚和個性商店都集中在此街，以及

與之垂直毗鄰的街巷。街上還坐落著擁有百年歷史的**伊莎貝爾公主戲院 (Teatro Infanta Isabel)**，以及會令藝術書迷欣喜若狂的德國塔森出版社 (TASCHEN) 旗艦書店。

　　小區裡美麗的**薩雷薩斯教堂 (Iglesia de las Salesas Reales)** 又稱為**聖塔芭芭拉教堂 (Iglesia de Santa Bárbara)**，據說是馬德里人最熱門的結婚地點。逛累時不妨到樹蔭密布的聖塔芭芭拉廣場 (Plaza de Santa Bárbara)，找個咖啡座或長椅坐著歇腿，欣

西班牙同志運動概述

西班牙是繼荷蘭和比利時後,世界上第三個舉國全面實行合法同性婚姻的國家,並且立法保障同性伴侶合法領養的子女的權利。當年在各大宗教、政治、社會團體的強烈反對下,以佩德羅·賽若羅 (Pedro Zerolo) 為首的同志平權運動人士們奮鬥奔走,促使 2004 年由首相薩巴德洛 (José Luis Rodríguez Zapatero) 領導的左派社會黨政府決定推動婚姻平權。挾著 6 成以上社會大眾的支持,西班牙議會經過數輪投票,終於在 2005 年 6 月 30 日通過同性婚姻法案, 7 月 3 日星期天正式生效!今日的雀卡區,有一座紀念平權鬥士佩德羅·賽若羅的同名廣場。

賞薩雷薩斯區優雅悠閒的街頭風光。

1. 分隔雀卡、薩雷薩斯兩區的 Calle del Barquillo 街／ 2. 塔森出版社馬德里旗艦書店,本是家縫紉布料小百貨／ 3. 新藝術風格的龍格利亞宮殿非常吸睛／ 4. 薩雷薩斯區有座蜥蜴之家 (Casa de los Lagartos),有蜥蜴爬在建築物上／ 5. 美麗的薩雷薩斯教堂／ 6. 美麗的聖塔芭芭拉廣場上滿是小酒館露天座／ 7,8. 薩雷薩斯區的街景,優雅得不像是馬德里 (笑)

彩虹社區的心臟地帶

雀卡廣場
Plaza de Chueca

🚇 地鐵站Chueca(5號線)

雀卡廣場命名來自西班牙查瑞拉歌劇 (Zarzuela) 作曲家費德里戈·雀卡 (Federico Chueca) 的姓氏,是雀卡社區地理與精神的中心。

若你搭乘地鐵到雀卡站,會發現地鐵站漆上了象徵 LGBTQ+ 社群的 6 色「彩虹」,位在雀卡廣場上的地鐵出口標示亦然,在在歡欣鼓舞地告訴你,這兒是個用力擁抱性少數群體的多元社區。

雀卡廣場平時氣氛熱絡,露天座位上總是坐滿了人。每年夏天馬德里 LGBTQ+ 驕傲節期間,許多慶祝活動在此舉辦,社區會變身成超大型的街頭派對,雀卡廣場更是主場重鎮,熱鬧程度和費洛蒙指數都爆棚!

1. 雀卡廣場作為社區中心,總是人來人往／2.廣場上的露天座位非常搶手／3.雀卡地鐵站理所當然地用彩虹來裝飾

在地人和遊客都愛來

Mercado de San Antón

美食市場：聖安東市場

mercadosananton.com／ Calle de Augusto Figueroa, 24／ 1樓市場攤位區：週一～六09:30～21:30；2樓美食小吃區：週一～日12:00～24:00；3樓天台餐廳區：週一～日13:00～01:00／ 地鐵站Chueca(5號線)

1. 1 樓的火腿起司鋪會讓火腿控流口水／ 2. 2 樓美食小吃區週末可是一位難占／ 3. 從 2 樓仰望 3 樓綠意盎然的天台餐廳

由傳統市場翻新改造後，以挑高大廳、自然採光、連接樓層間的電梯，打造出明亮的現代感，化身為新潮的都會美食市場代表！

雀卡區本就是馬德里最開放活潑的社區，市場也和這股奔放的氣息搭上線，時常因應節慶變化門面裝飾。LGBTQ+ 驕傲節期間會掛上應景的大型彩虹布幔，非常接地氣！到雀卡區踩街時，不妨來坐坐，共有 3 層樓：

●**1 樓市場攤位區**：賣的都是高檔食材，火腿起司鋪最受歡迎，可現買現切現找座位享用。

●**2 樓美食小吃區**：世界小吃攤位齊聚，西班牙傳統 Tapas 也吃得到，酒吧當然是不可或缺的。座位不算多但人潮很多，週末不易搶到位。

●**3 樓天台餐廳區**：是餐廳也是天台酒吧，雖然能看到的景色不廣也不遠，但是氣氛輕鬆隨性，型男型女不少。

鬥牛已遠風情尚在

Casa Salvador
經典鬥牛士餐廳：薩爾瓦多之家

🌐 casasalvadormadrid.com／📍Calle de Barbieri, 12／🕐週一13:15～16:00，週二～六13:15～16:00、20:15～23:00，週日公休／🚇地鐵站Chueca(5號線)

我和阿卡最喜歡的餐廳，從來沒有失望過。雖然做的都是家常不過的傳統料理，但道道皆做出家常之美，完美表現療癒美食(Comfort food)的意義。許多菜色都可點半份，包括我最愛的燉牛尾(Rabo de toro)和阿卡最愛的香煎麵衣圓鱈(Merluza rebozada)，適合點個幾道來品嚐，傳統點心更是不可錯過。

餐廳外觀看似現代，其實裡頭經典到一個不行！每面紅木牆面都掛滿鬥牛藝術繪畫和鬥牛士照片，搭配經典的紅色方格桌巾，彷彿可穿越時空，感受50年代熱愛鬥牛文化的美國文豪海明威和絕世美豔的好萊塢女明星愛娃·嘉德納與傳奇鬥牛士路易斯·米格爾·多明金來此用餐時，沸騰馬德里的熱力。

1,2.餐廳無處不是鬥牛士繪畫和照片／3.讓波登慕名而來的的招牌菜燉牛尾，這是半份／4.波登2010年留下的簽名點評：優秀(Magnificent)

2010年，有個人為了招牌菜燉牛尾遠道而來，讓新一輩Foodie認識了這家曾經光輝的老餐廳，那人便是已故的美食界重磅人物、不設限的安東尼波登！他當時的簽名被裱框掛在樓上牆上，如果你也是波登粉絲，必來憑弔。

Ribeira do Miño
加利西亞風味餐酒館

🌐 marisqueriaribeiradomino.com／📍 Calle de Santa Brígida, 1／🕐 週二～日13:00～16:00、20:00～24:00，週一公休／🚇 地鐵站 Chueca(5號線)、Tribunal(1、10號線)、Gran Vía(1、5號線)

城裡最平價的海鮮餐廳，新鮮喧嘩台味十足，也是我在馬德里的第二個老地方，親朋好友都被我帶來大啖海鮮過。老板和伙計都是加利西亞人，海鮮當然是從加利西亞大區直送來的。除了櫥窗裡老板手抓個不停的海鮮令人看呆，不時還有以「箱」為單位的海鮮不斷被送來，海鮮控和蝦見愁不吃不可！

必點的是驚天地泣鬼神CP值破表的「海鮮山」(Mariscada)，是用海鮮堆疊起來的：甜蝦(Gambas)、白蝦(Langostinos)、獨特的螯蝦(Cigalas)、梭子蟹(Nécoras)、蜘蛛蟹(Centollo)、蛤蠣、以及極昂貴的藤壺(Percebes)，通通新鮮！幾點提醒：

● 海鮮山有2人份和4人份，價格隨著歐洲物價膨脹一直調漲，但價格一定比去市場買海鮮還便宜。

● 兩人份真的很大，其實3～4個人吃兩人份，再點其他菜就很剛好。

● 吃不消海鮮山，各種蝦子單點都讚，加利西亞白酒也棒！

● 生意非常好，週末務必打電話訂位、或在開門第一時間抵達。

● 站在小小的吧台立飲立食也是樂趣十足！

1. 嚴肅又認真的老板總不間斷地在吧台內準備海鮮山／2. 在餐廳裡享用著海鮮大餐的客人們／3,4. 成堆成塔的海鮮山，讓海鮮控直流口水

El Cisne Azul

野菇料理餐酒館：藍天鵝

📍小酒館：Calle de Gravina, 19；餐廳：Calle de Gravina, 27 / 🕐週一～六13:00～16:30、20:00～23:30，週日13:00～16:30 / 🚇地鐵站Chueca(5號線)

馬德里野菇料理第一把交椅，同一條街上有小酒館和餐廳，相距數公尺。老板是野菇達人，拿手絕活就是依照野菇的種類和口感，搭配適合的食材如鵝肝、蛋黃、干貝。

就算你不吃菇，這裡還有很多好菜，番茄洋蔥鮪魚沙拉也是招牌。在這個番茄失去了番茄味的時代，這裡的番茄來自老板的菜園，有著番茄應有的酸、甜、香。

大廚的鐵板神功也是了得，鐵板櫛瓜花(Flor de calabacín)、鐵板牛排(Lomo alto 或 Solomillo)、鐵板章魚腳(Pulpo)，道道都精采，烹調出優秀食材的精髓原味。

我來訪多次的結論是，這裡沒有做得不好吃的東西，但小酒館稍嫌吵雜，且人多時服務難免不周到。想要舒適吃菇，可選擇他們家的餐廳，但我個人還是喜歡小酒館的輕鬆隨意。

1.小酒館的外觀，招牌上畫了野菇 / 2.綜合野菇搭蛋黃 / 3.鐵板章魚腳，滋味一絕 / 4.鐵板大廚的手停不下來 / 5.小酒館空間不大，總是熱鬧滾滾

Museo Chicote

三大傳奇雞尾酒吧之一

🖥 museochicote.com／📍Calle Gran Vía, 12／🕐週一～四19:00～03:00，週五16:00～03:30，週六13:00～03:30，週日13:00～03:00／🚇地鐵站Gran Vía(1、5號線)、Banco de España(2號線)

1.門口仍然有傳奇大酒吧的氣派／2.吧台後方掛滿了從前知名常客的老照片

西班牙第一間「調酒」酒吧，超過90年歷史的傳奇！誰曾在坐在這裡的沙發喝調酒？足跡踏遍馬德里所有經典酒吧的美國文豪海明威、好萊塢女明星愛娃·嘉德納和葛麗絲·凱莉(Grace Kelly)、20世紀最優秀的美國歌手法蘭克·辛納屈(Frank Sinatra)！當年的星光閃耀，今日仍魅力不減，持續以調酒創造歡樂時光。

Bar Cock

三大傳奇雞尾酒吧之二

🖥 cargocollective.com/barcock／📍Calle de la Reina, 16／🕐19:00～03:00／🚇地鐵站 Gran Vía(1、5號線)、Banco de España(2號線)

從前曾與Museo Chicote後門相通，作為其隱祕的VIP廳，好讓名流貴客能不受大眾打擾地飲酒作樂。法式風格，挑高空間，神祕氛圍，波希米亞風情。氣氛越夜越高昂，人們忘情穿梭桌間談天跳舞，是馬德里夜生活奇幻景象之一，被稱為「馬德里最後的精神避難所」！深受電影明星熱愛，幾乎所有好萊塢人士都曾造訪！

1.Bar Cock的精神指標正如其名是一隻公雞／2.酒吧復古的空間營造出神祕的氛圍

經典調酒的殿堂

Del Diego
三大傳奇雞尾酒吧之三

🦋 deldiego.com／📍 Calle de la Reina, 12
／🕐 週一～四19:00～03:00，週五～六19:00
～03:30，週日公休／🚇 地鐵站Gran Vía 1、5
號線）、Banco de España(2號線)

　　三大傳奇酒吧中最年輕、現代的，走紐約
酒吧路線。燈光氛圍明亮乾淨，侍者酒保明
快優雅。調酒選擇多元廣泛。想靜靜喝杯調
酒放鬆身心、不想被過熱的氣氛打擾時，這
裡是我的首選。

1.桌椅有90年代的摩登風格／2.點調酒送小餅乾
是店家儀式

一秒上演午夜馬德里

Toni2
鋼琴酒吧

🦋 toni2.es／📍 Calle del Almirante, 9／🕐
週日～四23:30～05:30，週五～六22:00
～06:00／🚇 地鐵站Chueca(1、5號線)／⁉️
須付入場費約15€，可抵消費

　　在地黑暗界人士才知道的隱藏版異次元
超現實鋼琴酒吧！像電影《午夜‧巴黎》
(Midnight in Paris) 的奇異幻境，只是場景換
成馬德里；像電影《北非諜影》(Casablanca)
的鋼琴酒吧，只不過這裡彈唱的是西班牙經
典老歌，且多是讚頌馬德里的歌曲。圍繞巨
大鋼琴的人客從30～70歲，都忘情地舉
杯搖擺大合唱，全場陷入一種馬德里風格的

1.店門看起來像個低調的酒吧／2.進了門的場景是
這番復古、擁擠和狂熱

狂熱和狂喜，來過保證終生難忘！

since 1917

香艾酒巡禮路最後一站

Taberna Ángel Sierra
百年香艾酒小酒館

✉ tabernadeangelsierra.es / 📍 Calle de Gravina, 11 / 🕐 12:00～02:30 / 🚇 地鐵站 Chueca(5號線)

若你已朝聖馬拉薩娘區 2 家老牌香艾酒小酒館：Bodega de La Ardosa 和 Casa Camacho，再來這家位在雀卡廣場正對面的小酒館，喝杯香醇中帶苦甘的自釀香艾酒 (Vermú)，就成功收集完馬德里「香艾酒巡禮路」金三角！

跟所有的歷史小酒館一樣，這裡也集結了各種百年不敗元素：木製酒櫃上擺得滿滿的「老酒瓶」、8 個古老的鎮店「橡木桶」、高聳屹立於吧台的金色「酒龍頭」。

2 個入口分別通往吧台區和座位區。吧台區來自塞維亞 (Sevilla) 的花磚牆面鮮豔美麗，最特別的是天花板龐大的古典溼壁畫；座位區布滿了圖畫和海報，活像一間酒吧博物館，總之是老味道十足！

除了曾出現在大導演阿莫多瓦的電影中，連滾石樂團 (The Rolling Stones)2022 年到馬德里開演唱會時，主唱米克·傑格 (Mick Jagger) 都到此一喝，還在門口留影！

1. 老店在雀卡廣場對面，正門直達吧台區、側門進入座位區／2. 座位區琳琅滿目的裝飾，分不清是酒吧還是博物館／3. 古老的橡木桶是鎮店之寶／4. 吧台區集結了百年酒吧各種元素，琳琅滿目

since 1854

酒館室內設計美學代表

Taberna La Carmencita

百年餐酒館

🔲 tabernalacarmencita.es／📍Calle de la Libertad, 16／🕐週一～四13:00～16:30、19:30～24:00，週五～日13:00～16:30、19:30～01:00／🚇地鐵站Banco de España (2號線)、Chueca(5號線)

1. 用餐區結合傳統與現代元素，美感爆炸／2. 這花磚與吧台的組合，可說是全城最美風景之一

諾貝爾文學獎得主智利詩人聶魯達(Pablo Neruda)曾經在此晚餐，這家百年餐酒館在新經營者的打理下，絕美的花磚牆面和150年歷史的錫製吧台，被完好地保留下來，變得更加生氣蓬勃！在此用餐或小酌，可捕捉不少馬德里型男靚女。結合華麗傳統與鄉村典雅風格的室內美學，保證殺掉不少相機記憶體。

---

since 1815

陶瓷杯生啤酒是主打星

Cervecería Santa Bárbara

百年啤酒館：聖塔芭芭拉

🔲 cerveceriasantabarbara.com／📍Plaza de Santa Bárbara, 8／🕐12:00～24:00／🚇地鐵站Alonso Martínez(4、5、10號線)

1. 陶瓷杯裝的大杯生啤酒就是過癮／2. 侍者的制服走經典風格

1815年開始釀製啤酒，1966年開設了坐落在聖塔芭芭拉廣場上的酒館，以紅色沙發、木桌木椅、黑白地磚，營造出經典風格。如果你喜歡喝生啤酒，除了小杯(Caña)和大杯(Doble)，不妨點杯這裡的招牌「超大陶瓷杯」(Barro)，痛快淋漓，站在長長的吧台喝，最是對味！

傳奇甜點大師接手主理

La Duquesita

百年甜點店：小伯爵夫人

🔲 laduquesita.es／📍Calle de Fernando VI, 2／🕐週一～五08:30～20:30，週六09:30～20:30，週日10:00～20:30／🚇地鐵站Alonso Martínez(4、5、10號線)

這家甜點店從前以巧克力聞名全城，2015年宣布關門大吉後，來自加泰隆尼亞大區的糕餅與甜點大師—曾為世界傳奇餐廳elBulli首席甜點主廚的奧利歐·巴拉格爾(Oriol Balaguer)接手經營，立志在維護老店傳統的前提下，注入創新的口感和技巧。

老店原有的精美樣貌都被修復且保留下來，包括玻璃櫥窗、木框鏡面、黃銅裝飾、豪華吊燈、大理石吧台、黑白幾何圖形地磚，以及過目難忘的夢幻天藍色門面。

大師將原來主打糖果的老店，轉型為「糕餅與甜點」店，豐富起老店的產品線，除了供應拿手招牌可頌麵包，也有多種蛋糕、巧克力和馬卡龍。2021年起更開拓店內空間，在原本的店面隔壁成立茶室，從此桌位變多，不用總是外帶，終於有機會在店裡坐著享用甜點。

1.甜點店門面是優雅夢幻的天藍色／2.甜點大師出名的可頌麵包和蝴蝶酥／3,4.甜點店內部精巧可愛

高尚
薩拉曼卡區
Barrio de Salamanca

＋

怡人
錢貝里區
Chamberí

＋

便捷
公主區
Princesa

1

城北三大住商混合區：
一窺馬德里各階層百姓生活面貌

薩拉曼卡區可謂馬德里的貴婦區

　　薩拉曼卡區是 19 世紀拓建的新區域，因此馬路寬敞、街道垂直、建築優美，棋盤式格局跟老城區毫無章法的風格差異很大。名稱來自於當年負責拓建計畫的薩拉曼卡侯爵 (Marqués de Salamanca)，在他的擘畫設計之下，成為當時貴族與資產階級的住宅區，今天則是國際精品旗艦店的兵家必爭之地、米其林星星和高檔餐廳的大本營。

　　如果你的血拼目標是國際精品，可將地圖設定在塞拉諾大街 (Calle de Serrano) 和何塞·奧爾特加和加塞特大街 (Calle de José Ortega y Gasset) 的交叉口，各大服飾珠寶鐘錶品牌如 Cartier、Louis Vuitton、Hermès、Chanel、Gucci、Dior、Rimowa 行李箱、西班牙名產 LLADRÓ 瓷器等，都在方圓 50

米範圍內！喜歡設計師品牌的個性人士必逛 Calle de Claudio Coello 街，型男可直奔男裝大本營 Calle de Jorge Juan 街。

考古迷和歷史控可逛**國立考古博物館 (Museo Arqueológico Nacional)** 學習伊比利半島文明發展史，千萬不要錯過重量級館藏—西元前 4～5 世紀之間的伊比利人石雕藝術作品〈埃爾切婦人〉(Dama de Elche)；藝術咖可逛**拉紮羅加迪亞諾藏家美術館 (Museo Lázaro Galdiano)**，典雅的私人宅院裡收藏了 4820 件藝術作品。

1. 西班牙國寶級品牌 LOEWE 旗艦店位在薩拉曼卡區塞拉諾大街上／2. 薩拉曼卡區的高級食材店，讓人什麼都想買／3. 薩拉曼卡區的 Calle de Jorge Juan 街有全城最雅致的露天座／4,5. 林蔭大道和精品商店，是薩拉曼卡區的特色風情／6. 從麗池公園遠觀薩拉曼卡區壯麗的聖厄瑪奴耳聖本篤教堂

錢貝里區從住宅區變身新興美食區

　　錢貝里區本是生活機能絕佳的住宅區，傳統市場、超級市場、各種食品店鋪、電影院、書店、重機店、桌遊店、模型店、運動公園，無一不缺，還坐擁一座美麗的**歐拉維德廣場 (Plaza de Olavide)**——八角形的廣場周圍滿是餐酒館和露天座、中心有著種滿花朵的噴泉和許多供人休憩的長椅，是居民遛狗、遛小孩、喝咖啡、喝小酒的首選！

　　疫情前，這區已是馬德里 Foodie 覓食的熱門去處：年輕人最愛到「酒吧一條街」彭薩諾街 (Calle de Ponzano) 走跳，Calle del Cardenal Cisneros 街聚集了德國啤酒館，2 個由傳統市場轉型成的美食市場——美麗山谷市場 (Mercado de Vallehermoso) 和錢貝里市場 (Mercado de Chamberí)，有生鮮食材也有各式餐酒館，週末總是人潮洶湧。

　　疫情期間，此區的美食地位再度躍升，越來越多的創意餐館和世界美食入駐，轉角就可遇到精品咖啡館、精品麵包店，甚至成為馬德里最多露天座的小區，馬德里人都愛約來這裡吃飯喝酒！

1,6.錢貝里區的歐拉維德廣場是我心目中馬德里最美的廣場／2.彭薩諾街除了新潮酒吧夜店外，也有傳統海鮮酒館／3.錢貝里區轉角就可遇見精品咖啡館，是咖啡控的天堂／4,5.歐拉維德廣場的露天座，夏夜和週末一位難求

6

| Special Shop |

影癡最愛的八又二分之一電影書店
Ocho y Medio Libros de Cine

位在公主區的「八又二分之一」電影書店兼咖啡廳與酒吧 (Ocho y Medio Libros de Cine)，名稱來自義大利電影巨匠費里尼的代表作《8½》，文青味超重！所在街上還有 2 家獨立影院，影人常來此出沒，影癡們必來朝拜！

📍 Calle de Martín de los Heros, 11

八又二分之一電影書店充滿波希米亞的自由氣息

公主區連結馬德里市區和郊區交通

公主區與主要幹道—商業繁忙的公主街 (Calle de la Princesa) 同名，範圍廣大，包括幅員遼闊的西方公園 (Parque del Oeste)、大學城 (Ciudad Universitaria)、中央政府所在的首相官邸—蒙克洛亞宮 (Palacio de la Moncloa)。

遊客很少來此區參觀景點，多是要從蒙克洛亞公車轉運站 (Intercambiador de Moncloa) 搭公車去亞洲旅客最愛的精品 Outlet—拉斯羅薩斯購物村 (Las Rozas Village)。

但這區也有些隱藏版景點，譬如：時尚人士會喜歡的**服飾博物館 (Museo del Traje)**；收藏了 5 萬件藝術古玩，富麗堂皇的**賽拉爾博侯爵宮殿美術館 (Museo Cerralbo)**；鄰近馬德里河 (Madrid Río) 的聖安東尼小教堂 (Ermita de San Antonio de la Florida) 藏著大畫家哥雅 (Goya) 之墓與他繪製的溼壁畫，河畔則設有單車道可悠哉騎乘。

藝術家打造的祕密花園

索羅亞故居美術館
Museo Sorolla

🌐 culturaydeporte.gob.es/msorolla/
📍 Paseo del General Martínez Campos, 37
／🕐 週二～六09:30～20:00，週日10:00～
15:00／💲3€，週六14:00後免費、週日免
費／🚇 地鐵站Gregorio Marañon(7、10號
線)、Iglesia(1號線)、Rubén Darío(5號線)

台灣朋友不熟悉的畫家索羅亞(Joaquín
Sorolla)，是西班牙重量級印象派大師，
1863年出生於西班牙地中海濱大城瓦倫西
亞(Valencia)。在他60年的藝術生涯中，共
創作超過2,200幅的畫作。

他畫筆下西班牙熾熱的陽光和地中海
閃爍的海景，光影變化與色彩層次栩栩如
生，被譽為西班牙「光之大師」。他發展出
的繪畫風格，被稱為瓦倫西亞派光影主義
(Luminismo)。

這座美術館是畫家在馬德里的故居，根
據畫家夫人、也是畫家一生繆思的遺囑所成
立，藏品皆來自畫家夫人和兒子的無私捐
贈。除了欣賞豐富的畫作收藏、探訪畫家家
居與創作的環境、感受藝術家的生活氣息與
美學外，索羅亞親自設計的安達魯西亞風格
庭院精巧細緻，是馬德里的祕密花園。

1.美術館坐落在住宅建築之間／2.走進宅院大門後，
會遇見美麗的庭院光景／3.安達魯西亞庭院不可或
缺的水池和噴泉

唐吉訶德和桑丘的藏身處
西班牙廣場
Plaza de España

🚇 地鐵站Plaza de España (2、3、10號線)

從前是我心中最醜的廣場之一，歷經 2 年半的大翻修後，2021 年底重新開放，變成了占地 7 萬平方公尺的行人徒步區，還有 2 條自行車道和寬闊的兒童遊樂場，四通八達地連結王宮和埃及德波神廟，我自此也喜歡來此散步。

雖然大多數遊客都是衝著廣場中心 2 座雕像來的—騎馬的熱血騎士「唐吉訶德」(Don Quijote) 和騎驢的隨從「桑丘」(Sancho Panza)，但很多人有所不知，他倆後頭上方的石雕正是《唐吉訶德》的作者—西班牙大文豪塞萬提斯！

從廣場抬頭看，周圍有 2 幢馬德里重要的建築地標，都建於 50 年代：西班牙大廈 (Edificio España) 和馬德里塔 (Torre de Madrid)。西班牙大廈近年來由四星級飯店 RIU 入主經營，頂樓有個 360 度天台酒吧，是俯瞰西班牙廣場的最佳去處，非常值得排隊買票上去被馬德里全景震懾一番！

1. 建築物從左到右為：馬德里塔、西班牙大廈、皇家阿斯圖里亞斯礦業公司建築 / 2. 從 RIU 飯店頂樓 360 度天台酒吧俯瞰西班牙廣場夜景 / 3. 塞萬提斯紀念碑，作家和他筆下的唐吉訶德與桑丘 / 4. 廣場旁的皇家阿斯圖里亞斯礦業公司建築優美典雅

看夕陽製造浪漫的好所在

埃及德波神廟
Templo de Debod

📍Calle de Ferraz, 1／🕐神廟內部：週二～日10:00～20:00開放，週一公休／🚇地鐵站Plaza de España(2、3、10號線)、Ventura Rodríguez(3號線)／⁉️神廟內部可免費參觀，但有入場人數限制，因此排隊是常態

馬德里也有古埃及神廟？是的，而且是一份體現國際援助精神的文化大禮！這座西元前2世紀建於尼羅河岸的古神廟，是埃及政府為了感謝西班牙政府在亞斯文大壩建造過程中，響應聯合國教科文組織的求救呼籲，派遣工程師到埃及協助搬遷即將被淹沒的重要古蹟，而在1968年捐贈給西班牙。

當時神廟是被拆解成塊運送來，再一磚一塊重新搭建成型，並且維持原本東西向的方位。神廟所在的公園，是馬德里人公認看夕陽最優秀的地點之一，搭配倒映在池水裡的天光雲影，最顯神力！可惜近年來馬德里政府為了節省水資源，水池都不放水了。

1.水池沒水的神廟少了點神力，但黃昏依然美麗／2.白天的神廟有藍天綠樹陪襯，很適宜來散步

全國最熱賣的烘蛋排隊名店

Casa Dani
西班牙烘蛋餐酒館：丹尼之家

casadani.es／ 1店(吧台、餐館、外帶)：位在和平市場裡Calle de Ayala, 28；2店(餐館、露天座)：Calle de Lagasca, 49／ 1店(吧台、餐館)：週一～五07:00～19:00，週六07:00～17:00，週日公休；2店(餐館)：週一公休，週二～日11:00～18:00；2店(露天座)：週一～六07:00～22:00、週日11:00～18:00／ 地鐵站Serrano(4號線)

如果你是西班牙馬鈴薯烘蛋 (Tortila) 愛好者，務必到百年和平市場朝聖全城人氣最旺的烘蛋—外送平台 Uber Eats 統計 2021 年全國最高外送紀錄、週末一天可賣出 500 個烘蛋的家常餐酒館 Casa Dani！

Casa Dani 由一家人經營，創辦人是爸爸 Dani，大廚是媽媽 Lola，兒女接手守護家庭事業，以供應美味平價的餐點為己任，如今已成為馬德里美食地圖上的人氣座標。除了招牌烘蛋外，也供應午間套餐。

他們家的烘蛋屬於濕濕軟軟的版本，可指定加或不加洋蔥，還有淋上馬德里燉牛雜的隱藏版變化型。根據第二代表示，烘蛋如此好吃的祕訣在於：品質優秀的食材、媽媽的經驗和火候，還有滿滿的「心意」！

每個馬德里人心中都有最好吃的烘蛋餐館排名，唯有 Casa Dani 絕對在每個人的心裡榜上有名。

1.Casa Dani 在和平市場的吧台區，週末摩肩接踵、一蛋難求／2. 烘蛋內餡—軟綿綿幼咪咪的金黃蛋液和馬鈴薯泥／3. 吧台裡、外都有座位，可坐也可站

美而美早餐店的親切感

Hamburguesería Don Oso

家常漢堡店：熊爺

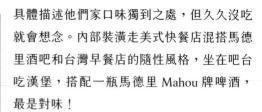

🖥 hamburgueseriasdonoso.com／📍**1店**：Calle de Donoso Cortés, 90；**2店**：Calle de Meléndez Valdés, 55；**3店**：在太陽門-格蘭大道區Calle de la Cruz, 26／🕐每日12:00〜24:00／🚇地鐵站Moncloa（3、6號線）、Argüelles（3、4、6號線）／⁉️只收現金

馬德里近年來頂級漢堡熱潮不滅，精品漢堡店遍地開花，我不是專業漢堡控，但也吃過多家店。最常回頭光顧的，卻是口味與價格都很親切的「非」頂級家常老字號熊爺Don Oso。

不像精品漢堡店有很多行頭可選，熊爺的漢堡只分大、小兩種，肉排、醬料僅有天字一號，加價可加培根、起司、蘑菇。我無法具體描述他們家口味獨到之處，但久久沒吃就會想念。內部裝潢走美式快餐店混搭馬德里酒吧和台灣早餐店的隨性風格，坐在吧台吃漢堡，搭配一瓶馬德里 Mahou 牌啤酒，最是對味！

——馬德里精品漢堡店大車拼——

頂級漢堡控在馬德里的選擇多多，從老牌子 Home Burger Bar、中生代 Goiko Grill、獲得全國比賽冠軍的 Juancho's BBQ 和 Junk Burger、季軍的 Frankie Burgers、新生代 Burnout 等，族繁不及備載。雖然每個人喜好不同，在薩拉曼卡區屹立 40 年的美國德州風味漢堡店 Alfredo's Barbacoa，仍是許多人心中最獨特的口味。

1. 紅色招牌有美國快餐店的風格／2. 裝潢帶有馬德里酒吧的隨性／3. 老板喜歡把漢堡倒著放／4. 加了培根、起司、蘑菇的大漢堡

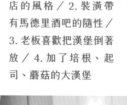

Calle de Ponzano

酒吧一條街：彭薩諾街

🏠 ponzaning.es ／ 🚇地鐵站Alonso Cano(7號線)、Ríos Rosas(1號線)

拉丁區的低酒窖老街 (Calle de la Cava Baja) 是老派馬德里人最愛的酒吧一條街，而年輕人愛泡的酒吧一條街，則是錢貝里區的彭薩諾街 (Calle de Ponzano)，當地人直呼街名簡稱為 Ponzano。

雖說是酒吧一條街，其實街上除了聚集經典酒館和新潮酒吧外，也集結了傳統與創意料理餐館，因此成為馬德里人吃飯喝酒的熱門地段，街上氣氛總是熱鬧滾滾，夯到馬德里人甚至發明了新詞彙Ponzaning來表示「去Ponzano 走跳」。

初來 Ponzano 很容易迷失，以下推薦幾家不會踩雷的經典： 生啤酒殿堂 El Doble 啤酒館總是人滿為患，海鮮料理新鮮澎湃；Fide 海鮮小酒館有 2 家，一家在街頭專攻現煮、一家在街尾主打罐頭；喜歡創意料理的話，我推薦帶動商圈發展的領頭羊 Sala de Despiece 餐酒館，生意總是很好，最好預先訂位。

1.Sala de Despiece 創意料理的裝潢靈感來自肉類屠宰場／ 2. 生啤酒殿堂 El Doble 啤酒館，瓷磚藝術超經典／ 3.El Doble 啤酒館的鐵板海扇蛤 (Zamburiñas)／ 4.Fide 海鮮小酒館的清蒸鳥蛤 (Berberechos)／ 5.El Doble 啤酒館的現拉生啤酒，口感沁涼、質地綿密

since 1882

有靈魂的百年市場

Mercado de la Paz
■ 百年市場：和平市場

📧 mercadodelapaz.com／📍 Calle de Ayala, 28／🕐 週一～五09:00～20:00，週六09:00～14:30，週日公休／🚇 地鐵站 Serrano(4號線)

蔬果、海鮮、肉品、火腿、起司、罐頭，都新鮮精緻多元豐富。而且陳列的美感就是有貴婦區的水準，可說結合了精品超市的頂級格局和傳統市場的親切氛圍，還貼心提供買菜送貨到府服務，品質、服務都到位。

再來，有許多美食小吃餐酒館，從在地到異國料理都找得到，也是馬德里社區型「美食市場」的代表之一！老實說，這兒比大名鼎鼎但只賣小吃不賣菜的聖米格爾市場有意思多了，可接地氣體驗庶民生活，不只是跟遊客人擠人。

最後，全城最紅的西班牙烘蛋名店 Casa Dani 就在這裡！此店地位太重要，前面 (P229) 已經獨立篇章介紹，千萬不要錯過。

官網自稱為「有靈魂的市場」(Un mercado con alma)！這家優秀的傳統市場，低調藏身在貴婦區滿街林立的國際精品名店中，能夠屹立百年，自有它厲害之處。

首先，每家生鮮食材攤位都是嚴選，不論

1.市場有 3 個入口，主要入口在 Calle de Ayala 街／2.精美肉鋪美到不像身在傳統市場／3.鐵柱結構的市場裡，高級食材店鋪的 Logo 復古可愛

since 1852

夢幻到融化的復古伴手禮

Bombonería La Pajarita

百年糖果店：小鳥兒

bombonerialapajarita.es／Calle de Villanueva, 14／週一～六10:00～14:00、17:00～20:30，週日公休／地鐵站 Colón、Serrano(4號線)、Retiro站(2號線)

　「小鳥兒」名稱來自19世紀創立時，泡咖啡館的馬德里文人愛把餐巾紙摺成小鳥的習俗。創辦人是現任老闆的曾曾祖父，四代相傳至今，仍然堅持遵循傳統，以手工製作甜美的糖果和巧克力。

　老店不論是 Tiffany 色的門面設計、雅致的陳列裝飾、摺紙小鳥形狀的 Logo 和巧克力、經典的粉紅色包裝紙，通通都夢幻到讓少女心徹底融化！

　招牌糖果共有17種口味，包括：茴香、咖啡、巧克力、椰子、覆盆子、草莓、萊姆、檸檬、棉花糖、薄荷、柳橙、鳳梨、香蕉、蘭姆酒、玫瑰、香草、紫羅蘭。口味天然有特色又不會太甜，而且包裝紙以繽紛活潑的色彩和懷舊不已的字體來標明口味，復古到連不吃糖的人（如我）都想收藏，超適合買來做伴手禮！

1. 招牌糖果的包裝超有古早味／ 2. 夢幻的法式風格門面和搶眼的摺紙小鳥 Logo ／ 3. 手工糖果色彩鮮豔繽紛／ 4. 連用來稱重糖果的磅秤都如此復古優雅

週日要吃烤雞配蘋果西打酒

Casa Mingo
百年餐酒館：明哥之家

🌐 casamingo.es／📍Paseo de la Florida, 34／🕐11:00～24:00／🚇地鐵站Príncipe Pío(6、10、R號線)

西班牙人週日午餐喜歡吃烤雞，因為大家都不想煮飯，外帶烤雞最是方便，久而久之就演變成一種飲食儀式。那麼馬德里人去哪吃烤雞呢？當然是去烤雞第一把交椅—Casa Mingo蘋果西打餐酒館 (Sidrería)。

稱霸全城烤雞市場一百年，遇上週末用餐時間，總是內用一位難求、外帶大排長龍。正因為口味家常道地、服務優秀迅速、氣氛自在熱絡、價格合情合理，被稱為「烤雞大王」，可說當之無愧！

除了招牌烤雞以外，他們家的蘋果西打酒 (Sidra) 是在法定產區—阿斯圖里亞斯大區

(D.O.P. Sidra de Asturias) 自己釀製的，而且產地直送。以蘋果西打酒搭配烤雞，去油解膩，已經演變成一種獨門的餐酒搭配。

此外，以蘋果西打酒醃製的紅椒臘腸 (Chorizo a la sidra) 也很有特色，值得一嘗。俄羅斯沙拉 (Ensaladilla rusa) 同樣做得香濃

綿密，是阿卡的最愛。

　　內用可感受仿老酒窖濃濃的古早味，露天座位區則寬敞怡人，而不少人會選擇外帶到附近的馬德里河畔自在野餐。雖然老店距離市中心遠了點，但捷運可達。如果要愜意品嘗「吃烤雞配蘋果西打酒」的餐酒絕配，建議避免人潮多的週間來訪。

1. 夏日最適合坐在露台吃烤雞配蘋果西打酒 ／ 2. 遇上週末午餐時間，排隊人潮洶湧 ／ 3. 餐館內裝濃濃古早味 ／ 4. 老店創造了馬德里人「吃烤雞配蘋果西打酒」的餐酒儀式 ／ 5. 烤雞區的大伯忙到停不下來，一直烤、一直送 ／ 6. 牆面擺滿自家產的蘋果西打酒

旅人資訊 Q&A

Q：如何從機場進城？

A：想省錢就搭捷運 8 號線，到終點站 Nuevos Ministerios 後可轉 6、10 號線，絕對四通八達轉得到你的旅館或公寓。

　　巴士 200 號直達 Avenida de América 轉運站後，可轉公車或捷運 4、6、7、9 號線。24 小時巴士 203 號會停阿托查轉運站，可轉捷運 1 號線；也停西貝萊斯廣場，可轉捷運 2 號線。

　　搭計程車最方便，市政府規定從機場進入市區 (M-30 環線高速公路內部範圍) 的公定價是 30 歐元，司機多收錢可理論、服務好可給小費。另外也可搭乘 Uber 或西班牙本地的網約車 Cabify，但停車地點要另外找。

Q：建議住在那一帶？

A：首先，最好住在本書有介紹的小區裡，再往外就離開市中心了。再來，最方便探索景點的區域是老城區黃金三角：太陽門 - 格蘭大道、奧地利區、文人區，不過這裡觀光味重於生活感；黃金三角以南的拉丁區、拉瓦皮耶斯區治安較不好，並不建議；藝術大道、麗池區、王妃區地大物博，但無聊了點；薩拉曼卡區和強貝里區雖然離市中心有點距離，但可逛可吃的都不缺；想體驗精采夜生活的文青們可考慮馬拉薩娘區或雀卡區；追求悠活品味生活的雅痞們，可選擇伯爵公爵區和薩雷薩斯區。

強貝里區生活機能優秀，適合喜歡體驗在地生活的旅人

Q：四季如何穿衣服？

A：春天和秋天請採用洋蔥式穿法；冬天請準備帽子、圍巾、手套；夏天請穿透氣的材質，必備帽子和防曬油。不論哪個季節來造訪，太陽眼鏡都要帶著，西班牙陽光燦爛名不虛傳。

Q：自來水可生飲嗎？

A：馬德里的自來水來自瓜達拉哈馬山，以品質優良出名，可直接生飲，口味甘甜。提醒習慣喝溫水的人自備保溫瓶，在旅館或公寓煮熱水套冷水，因為西班牙人只喝冷水和冰水，熱水是用來泡茶的，餐廳不會供應溫水。

Q：信用卡好用嗎？行動支付普遍嗎？

A：信用卡好用、行動支付(感應式支付)普遍。以前有些小店會要求消費至少6歐元才能刷卡，疫情後幾乎所有店家都接受信用卡和行動支付。至於旅行支票？一百年沒有聽過這種東西了！

Q：郵票哪裡買？

A：郵局、菸草專賣店或專賣亭(門口會寫TABACOS)會賣西班牙郵政(Correos)發行的郵票。強烈建議「不要」在紀念品店購買私人郵遞公司的郵票，因為那只能投入同一家公司的郵筒，但遊客常會混淆投入郵局的郵筒裡，最後就永遠收不到明信片⋯⋯

Q：和台灣時差幾小時？

A：夏令時間(3月底～10月底)比台灣慢6小時，冬令時間(10月底～3月底)慢7小時。

1.馬德里老城區有著繪畫的復古路牌 ／ 2.仿馬德里老城區復古路牌的瓷磚超可愛，連我都想收集

Q：電壓與插頭？

A：電壓 220V，插頭是雙腳圓柱型，插座通常有個圓框，因此轉接頭最好準備圓頭或扁頭。

1. 小小一盒番紅花可是貴桑桑的 / 2. Álvarez Gómez 香水的經典亮黃色很好認，在英國裁縫百貨和香水美妝店找得到 / 3. 百年糖果店 Bombonería la Pajarita 的小鳥兒 Logo 形狀巧克力，精巧可愛

Q：有推薦的伴手禮嗎？

A：百年糖果店 La Violeta 的紫羅蘭糖很特別，百年糖果店 Bombonería la Pajarita 的糖果和巧克力很精美。愛下廚的人可買全球最貴的香料番紅花 (Azafrán)、或有甜味有苦味有辣味的紅椒粉 (Pimentón)，愛吃的人不妨嘗試各種海鮮罐頭。我也推薦馬德里百年香水品牌 Álvarez Gómez 的香水、香氛與沐浴產品。注意：肉製品不可入境台灣喔！千萬不要帶火腿闖關，買了就在西班牙吃完吧！其他海關規定請上網查詢確認。

旅客服務中心

- 太陽門 - 格蘭大道：卡亞俄廣場旅客服務據點
- 奧地利區：主廣場旅客服務中心、王宮旅客服務據點
- 藝術大道：普拉多大道旅客服務據點、蘇菲亞王后美術館旅客服務據點、Centro Centro 當代藝術中心旅客服務據點
- 麗池區：莫亞諾坡書街旅客服務據點
- 聖地亞哥伯納烏足球場旅客服務據點
- 機場旅客服務據點：第 2 與第 4 航廈

實用旅遊網站

- 馬德里旅行官網 (有西文、英文、簡體中文等 9 種語言版本)：esmadrid.com
- 馬德里百年老店網站 (只有西文版本)：comercioscentenariosdemadrid.es

緊急應變聯絡

- **外國遊客報案服務警察局 (Comisaría de Policía Nacional)：**

  財物被扒來此報案！這項服務原本是由位在太陽門 - 格蘭大道 Calle de Leganitos 街上的警察局承辦，但該分局正在進行為期 2 年的整修工程，因此將針對外國遊客的服務轉移到位在文人區的分局處理。

  📍 Calle de las Huertas, 76 – 78

有時會在路上遇見馬德里帥氣的警察大哥

- **駐西班牙台北經濟文化辦事處 (Oficina Económica y Cultura de Taipei)：**

  護照遺失來此辦理！一般觀光旅遊遭竊護照遺失，申辦護照、簽證及文件證明書等領事事務，均請於上班時間每週一至週五 09:30 ～ 17:00 撥 打 (+34)915718426 向領務櫃檯洽詢。若遺失護照，則另請同時電郵相關個人有效身分證件資料影本及西國警方報案紀錄證明等文件至領務櫃檯辦公室 (esp@mofa.gov.tw) 簡要說明案情、身分、狀況及需求。例假日及非上班時間無法辦理一般護照遺失補發作業。

  📷 taiwanembassy.org/es／📍 Calle de Rosario Pino, 14-16, Piso 18 Derecha／📞 緊急聯絡電話 (+34) 639384883；急難救助全球 24 小時專線 800-0885-0885

馬德里
Madrid

百年老店．酒館食旅．10 條主題路線．14 個特色小區

經典漫遊

作　　　者	胡嘎（胡家綺）

總 編 輯	張芳玲
編輯主任	張焙宜
企劃編輯	翁湘惟
主責編輯	張焙宜
特約編輯	呂靜雯
美術設計	許志忠

太雅出版社

TEL：(02)2368-7911　FAX：(02)2368-1531
E-mail：taiya@morningstar.com.tw
太雅網址：http://taiya.morningstar.com.tw
購書網址：http://www.morningstar.com.tw
讀者專線：(02)2367-2044、(02)2367-2047

出 版 者　太雅出版有限公司
　　　　　106 台北市大安區辛亥路一段 30 號 9 樓
　　　　　行政院新聞局局版台業字第五〇〇四號

讀者服務專線：(02)2367-2044 / (04)2359-5819 #230
讀者傳真專線：(02)2363-5741 / (04)2359-5493
讀者專用信箱：service@morningstar.com.tw
網路書店：http://www.morningstar.com.tw
郵政劃撥：15060393(知己圖書股份有限公司)

法律顧問	陳思成律師
印　　刷	上好印刷股份有限公司　TEL：(04)2315-0280
裝　　訂	大和精緻製訂股份有限公司　TEL：(04)2311-0221

初　　版	西元 2023 年 8 月 1 日
定　　價	480 元

(本書如有破損或缺頁，退換書請寄至：台中市西屯區工業 30 路 1 號 太雅出版倉儲部收)

ISBN　978-986-336-454-2
Published by TAIYA Publishing Co.,Ltd.
Printed in Taiwan

國家圖書館出版品預行編目 (CIP) 資料

馬德里經典漫遊：百年老店 . 酒館食旅 .10 條主題路線 .14 個特色小區 / 胡嘎文字 . -- 初版 . -- 臺北市：太雅出版有限公司 , 2023.08
　　面；　　公分 . -- (世界主題之旅；145)
ISBN 978-986-336-454-2 (平裝)

1.CST：旅遊　2.CST：西班牙馬德里

746.19　　　　　　　　　　　　　　112008009

填線上回函

馬德里經典漫遊

reurl.cc/o77mEM